BEI GRIN MACHT SICH IHR WISSEN BEZAHLT

- Wir veröffentlichen Ihre Hausarbeit,
  Bachelor- und Masterarbeit

- Ihr eigenes eBook und Buch -
  weltweit in allen wichtigen Shops

- Verdienen Sie an jedem Verkauf

Jetzt bei www.GRIN.com hochladen
und kostenlos publizieren

Bibliografische Information der Deutschen Nationalbibliothek:

Die Deutsche Bibliothek verzeichnet diese Publikation in der Deutschen National-
bibliografie; detaillierte bibliografische Daten sind im Internet über http://dnb.d-
nb.de/ abrufbar.

Impressum:

Copyright © 2012 GRIN Verlag
Druck und Bindung: Books on Demand GmbH, Norderstedt Germany
ISBN: 9783656319030

Dieses Buch bei GRIN:

https://www.grin.com/document/204545

Stefan Röttger

Nachwuchsförderung im deutschen Profifußball

Entwicklung, Aufbau, Struktur und Wirtschaftlichkeit der Nachwuchsleistungszentren am Beispiel des 1.FC Nürnberg e.V.

GRIN Verlag

GRIN - Your knowledge has value

Der GRIN Verlag publiziert seit 1998 wissenschaftliche Arbeiten von Studenten, Hochschullehrern und anderen Akademikern als eBook und gedrucktes Buch. Die Verlagswebsite www.grin.com ist die ideale Plattform zur Veröffentlichung von Hausarbeiten, Abschlussarbeiten, wissenschaftlichen Aufsätzen, Dissertationen und Fachbüchern.

Besuchen Sie uns im Internet:

http://www.grin.com/

http://www.facebook.com/grincom

http://www.twitter.com/grin_com

Reinhold-Würth-Hochschule

der Hochschule Heilbronn

University of Applied Sciences

Studiengang Betriebswirtschaft

und Kultur-, Freizeit- und Sportmanagement

(Bachelor)

BACHELORTHESIS

Nachwuchsförderung im deutschen Profifußball

Entwicklung, Aufbau, Struktur und Wirtschaftlichkeit der Nachwuchsleistungszentren am Beispiel des 1.FC Nürnberg

Praxispartner: 1.FC Nürnberg e.V.

Verfasser: Stefan Röttger

Abgabe: 22. November 2012

Inhaltsverzeichnis

Abbildungsverzeichnis

Tabellenverzeichnis

Abkürzungsverzeichnis

1.FCN	1. Fußballclub Nürnberg
Abb.	Abbildung
BFV	Bayerischer Fußball-Verband
DFB	Deutscher Fußball-Bund
DFL	Deutsche Fußball-Liga
DOSB	Deutscher Olympischer Sportbund
EG	Europäische Gemeinschaft
EM	Europameisterschaft
EuGH	Europäischer Gerichtshof
FIFA	Fédération Internationale de Football Association
LO	Lizenzierungsordnung
LZ	Leistungszentrum
NLZ	Nachwuchsleistungszentrum
RFC	Royal Football Club
RoI	Return on Investment
Tab.	Tabelle
U19	Unter 19
VfB	Verein für Bewegungsspiele
WM	Weltmeisterschaft

Vorwort

Die vorliegende Arbeit behandelt ein praxisbezogenes Projekt, welches in Kooperation mit dem Nachwuchsleistungszentrum des Fußball-Bundesligisten 1.FC
Nürnberg durchgeführt wurde. Der Kontakt zum 1.FC Nürnberg entstand durch
mein praktisches Studiensemester in der Jugendabteilung des Bayerischen Fuß-
ball-Verbandes. Dort konnte ich erste Einblicke in die Fußball-Talentförderung bekommen, die sich mir bei Erstellen der Bachelor-Thesis als sehr hilfreich erwiesen
haben. In diesem Zuge gilt mein besonderer Dank dem Verbands-Jugendleiter
Karl-Heinz Wilhelm sowie den Mitarbeitern der Jugendabteilung Gerhard
Brandlmeier und Sebastian Lubojanski, die mich für die Talentförderung sensibili-
sierten.

Darüber hinaus bedanke ich mich beim 1.FC Nürnberg in Person von NLZ-Leiter
Rainer Zietsch für das entgegengebrachte Vertrauen sowie die Unterstützung
während des Erstellens der Analysen.

Abschließend gilt mein besonderer Dank Herrn Prof. Dr. Alfons Madeja für die
wissenschaftliche Betreuung meiner Bachelor-Thesis, die fachlich hervorragende
Vorbereitung während des Studiums sowie die reibungslose Kommunikation während des Verfassens der Arbeit.

Meiner Familie danke ich für die Unterstützung in allem, was ich bisher in meinem
Leben gemacht habe.

1. Einleitung

Vereine sind in der heutigen Zeit immer noch die tragenden Säulen des gesamten Sports in Deutschland und weltweit.[1] Neben der Gesundheitsförderung durch aktives Sporttreiben übernimmt der Sport weitere gesellschaftspolitische und sozialpolitische Funktionen, die den Staat veranlassen, den Sport zu fördern.[2] Dabei positioniert der Fußball sich in Deutschland als die wohl sprichwörtlich „schönste Nebensache der Welt". Ein positives Abschneiden der Fußballnationalmannschaft hat dabei direkten Einfluss auf das nationale Wohlbefinden.

1.1 Problemstellung

Als Deutschland bei der Fußball-Europameisterschaft 2000 in Belgien und den Niederlanden bereits nach der Vorrunde ausschied, wurde im Land von einem „blamablen Auftritt"[3] gesprochen, die Niederlage gegen „Portugals Reservemannschaft"[4] als „Nacht der Schande"[5] betitelt. Nationaltrainer Erich Ribbeck musste daraufhin sein Amt niederlegen und der Deutsche Fußball-Bund (DFB) um den ab 2001 amtierenden Präsidenten Gerhard Mayer-Vorfelder versuchte, in einer „Herkulesarbeit"[6] den deutschen Fußball wieder auf internationales Niveau anzuheben. Spätestens durch die WM 2006 in Deutschland oder das erfreuliche Abschneiden der Nationalmannschaft bei der EM 2008 sowie der WM 2010 wird gezeigt, dass die Arbeit Früchte getragen hat. Mit Spielern wie Mesut Özil, Sami Khedira (beide Real Madrid) oder Kapitän Philipp Lahm (FC Bayern München) beweist die deutsche Auswahl internationales Spitzenniveau. Dieser Erfolg, den Bundestrainer Joachim Löw nun mit seinem Trainerstab erntet, hat seine Wurzeln jedoch in der Europameisterschaft von 2000. Denn das im Anschluss an das Ausscheiden vom DFB initiierte Nachwuchskonzept zur Talentförderung sucht derzeit weltweit seinesgleichen.[7] Rund 10 Millionen Euro stellt der DFB diesem Projekt zur flächende-

---

[1] Vgl. Madeja (2009), S. 2.
[2] Vgl. Ebenda
[3] Eberle (2000a), S. 2.
[4] Eberle (2000b), S. 55.
[5] Eberle (2000a), S. 2..
[6] Hunzinger (2002), S.13.
[7] Vgl. Ebenda.

ckenden Talententwicklung jährlich zur Verfügung.[8] Gab es bei der Europameisterschaft 2000 mit Sebastian Deisler nur einen Spieler, der noch für die U21 Nationalmannschaft spielberechtigt war, so sind es bei der vergangenen Weltmeister-
schaft sechs gewesen, darunter der spätere Torschützenkönig Thomas Müller (FC
Bayern München).[9]

Die Jugendnationalmannschaften des DFB konnten im Jahr 2009 innerhalb von elf
Monaten die Europameisterschaftstitel der U17, U19 und U21 feiern. Somit
scheint der deutsche Fußball für die Zukunft bestens gerüstet. Der Erfolg der
Nachwuchsarbeit lässt sich jedoch nicht ausschließlich auf Verbandsaktivitäten
zurückführen. Hierfür ist eine strategische Partnerschaft von Verband, Verein und
Schule unumgänglich. Insbesondere die Lizenzvereine haben durch die vereinsin-
terne Ausbildung der Talente in Leistungszentren einen großen Verdienst an den
jüngsten Erfolgen deutscher Nationalmannschaften.

1.2   Zielsetzung der Arbeit

Die vorliegende Arbeit soll die Talentförderung im deutschen Profifußball durch die
Nachwuchsleistungszentren der Bundesligisten darstellen. Insbesondere soll dabei auf den Prozess hin zur verpflichtenden Einführung der Leistungszentren eingegangen werden. Den Kern der Arbeit bildet dabei eine Analyse des Nachwuchsleistungszentrums des Fußball-Bundesligisten 1.FC Nürnberg. Es soll die Entwicklung der Jugendabteilung zu einem professionell geführten Bestandteil des Ver-
einskonzepts aufgezeigt werden. Die Analyse wird den Verantwortlichen des 1.FC
Nürnberg ein Protokoll ihrer Tätigkeit in den ersten zehn Jahren des Bestehens
ihres Nachwuchsleistungszentrums geben. Hierbei wird analysiert werden, ob die
Ziele der Talentausbildung des 1.FC Nürnberg erreicht werden konnten. Metho-
disch wird dies durch eine theoretische Grundannahme erreicht, die mit den Er-
gebnissen der Analyse des Nachwuchsleistungszentrums verglichen wird.
Dadurch sollen die Vereinsverantwortlichen des 1.FC Nürnberg einen Überblick
über die Ist-Situation der Talentförderung im eigenen Verein erhalten. Letztendlich
sollen sich somit für die Talententwicklung beim 1.FC Nürnberg Verbesserungs-

---

[8] Vgl. DFB (Hrsg.) (2002), online zu finden unter
  http://www.dfb.de/index.php?id=500014&tx_dfbnews_pi1%5BshowUid%5D=71&tx_dfbnews_pi4%5Bcat%5D=10
  (Stand 06.01.2012).
[9] Vgl. hier und im Folgenden DFB (Hrsg.) (2010), S. 6, online zu finden unter
  http://talente.dfb.de/index.php?id=519515 (Stand 06.01.2012).

vorschläge ergeben, die eine noch erfolgreichere Arbeit des Nachwuchsleistungszentrums ermöglichen.

1.3 Aufbau und Vorgehensweise

Zu Beginn der Arbeit wird der Fußball auf internationaler und nationaler Ebene
betrachtet. Hierbei wird vorwiegend auf die Themenkomplexe „Nachwuchsförderung" und „Transfersystem" eingegangen. Im Anschluss (Kapitel 3) wird die Talentförderung im deutschen Fußball, insbesondere auf leistungsorientierter Seite
betrachtet. Dabei wird auf die Entwicklung der Nachwuchsarbeit auf DFB- und
DFL-Basis näher eingegangen und auf deren Bedeutung für das operative Geschäft der Lizenzvereine beschrieben. Den Kern der Arbeit bildet die Analyse der
Talentförderung im Nachwuchsleistungszentrum des 1.FC Nürnberg. In diesem
Zuge wird zuerst die Entwicklung des Leistungszentrums in den letzten Jahren
beleuchtet. Desweiteren erfolgt ein Überblick über die infrastrukturellen und personellen Gegebenheiten, die das Nachwuchsleistungszentrum des 1.FC Nürnberg
aktuell vorweist. Letztendlich werden die Kaderzusammensetzungen der Mannschaften mit vorangegangenen Jahren verglichen um zu identifizieren, ob die
Spieler durch ein gestiegenes Maß an Talentförderung beim 1.FC Nürnberg nun
eine langfristigere Ausbildung genießen können. Abschließend wird anhand einer
Zufriedenheitsanalyse der Talente die Arbeit des Nachwuchsleistungszentrums
aus Spielersicht evaluiert und somit Verbesserungspotenzial für den Verein aufgezeigt. Das sechste Kapitel schließt die vorliegende Arbeit mit einem Fazit ab.

2.   Der Fußball in Deutschland

Ziel dieses Kapitel ist es, die Struktur des Fußballs international und national zu erläutern. Desweiteren wird die Nachwuchsarbeit und das Transfersystem erklärt, welches direkten Einfluss auf die Nachwuchsförderung der Vereine hat.

2.1   Struktur des Fußballs

2.1.1 Struktur auf internationaler Ebene

Der Weltverband FIFA - Fédération Internationale de Football Association - mit Hauptsitz in Zürich bildet die oberste Instanz des organisierten Fußballsports. Er dient zur weltweiten Förderung und Verbreitung des Fußballs, zur Organisation internationaler Turniere, zur Festlegung der Regeln und Bestimmungen, zur Kontrolle des Fußballs sowie zur Sicherung der Integrität des Wettbewerbs.[10] Die Mitglieder der FIFA, aktuell 208 Verbände[11], haben sich auf kontinentaler Ebene zu vom Weltverband anerkannten Konföderationen zusammengeschlossen.[12] Diese sind jedoch rechtlich nicht Mitglied der FIFA, sonder fungieren nur zur Interessenwahrnehmung der Kontinentalverbände. Auf europäischer Seite ist dies die UEFA – Union des associations européenes de football – mit Sitz in Nyon/Schweiz. Sie ist an die Statuten und Regeln des Weltverbandes gebunden und organisiert konföderale Wettbewerbe nach Absprache mit dem FIFA-Rahmenterminkalender. Hier zu nennen ist die UEFA Champions League sowie die Europa League für Vereinsmannschaften sowie die Europameisterschaft für Nationalmannschaften. Auf nationaler Ebene fungiert der Deutsche Fußball-Bund DFB mit Sitz in Frankfurt als Mitglied der UEFA und der FIFA.

2.1.2 Struktur auf nationaler Ebene

Der Deutsche Fußball-Bund ist mit mehr als 6,5 Millionen Mitgliedern in knapp 26.000 Vereinen und somit über 180.000 Mannschaften der größte Sportverband

---

[10] Vgl. FIFA-Statuten: 2. Zweck (2011).
[11] FIFA (Hrsg.) (2011), online zu finden unter
http://de.fifa.com/aboutfifa/organisation/associations.html (Stand 06.01.2012).
[12] Vgl. hier und im Folgenden FIFA-Statuten: 20. Konförderationen (2011).

im Deutschen Olympischen Sportbund (DOSB).[13] Der DFB fungiert als Spitzen-
verband für den organisierten Fußball, der somit gegenüber dem Deutschen
Olympischen Sportbund eine autonome Stellung einnimmt.[14] Die Aufgaben umfas-
sen die Vertretung der grundsätzlichen Angelegenheiten der Sportart Fußball, die
Organisation der Deutschen Meisterschaften, die Auswahl der Vertretung, die bei
internationalen Meisterschaften teilnimmt sowie die Weiterentwicklung des Regel-
werks. Der DFB hat 21 Landesverbände, die sich wiederum in fünf Regionalver-
bände unterteilen. Durch die wachsende Professionalisierung und der damit ein-
hergehenden Neuordnung des lizenzierten Fußballs, wurde im Jahre 2000 die
„Deutsche Fußball Liga GmbH" (DFL) als Ligaverband gegründet und ist ebenfalls
Mitglied des DFB.[15] Die Vereine der Bundesliga und 2.Bundesliga, die bis zu diesem Beschluss als „außerordentliche Mitglieder"[16] dem DFB angehörten, sind somit zur Saison 2001/2002 aus dem Landesverband ausgeschieden und folglich
nun ausschließlich Mitglied des Ligaverbands, der wiederum dem DFB untersteht.
Klarzustellen ist hierbei, dass das Bestehen einer Profiliga nur durch die ausdrück-
liche Zustimmung des Landesverbandes rechtmäßig ist.[17]

Als Fußballprofi gilt man, wenn man die Tätigkeit „Fußballspieler" in Vollzeit aus-
übt. „Die Liga – Fußballverband e.V."[18] ist als eingetragener Verein die Vertretung
der lizenzierten Vereine und Kapitalgesellschaften der 1. und 2. Bundesliga sowie
gleichzeitig ordentliches Mitglied des DFB und hat die Stellung eines Landesver-
bands. Die „DFL - Deutsche Fußball Liga GmbH" fungiert als Tochtergesellschaft
des eigetragenen Vereins und übernimmt die operativen Geschäftätigkeiten des
Ligaverbandes.[19] Die DFL operiert als Ausrichter der Fußballspiele in den ihr vom
DFB überlassenen Lizenzligen, desweiteren vergibt sie die Lizenzen an die sportlichen Qualifikanten der beiden Ligen.[20]

---

[13] Vgl. DFB (Hrsg.) (2011), online zu finden unter http://www.dfb.de/index.php?id=11015 (Stand 06.01.2012).

[14] Vgl. hier und im Folgenden Madeja (2009), S.6.

[15] Vgl. DFB-Statuten: 2. Satzung (2011), Präambel.

[16] DFB-Statuten:13. DFB/Ligaverband Grundlagenvertrag (2011), Präambel.

[17] Vgl. Benz/Gehring (2009), S. 23

[18] Vgl. hier und im Folgenden: Dworak (2010), S. 11.

[19] Vgl. Dworak (2010), S. 12.

[20] Vgl. DFB-Statuten: 14. Ligaverband/DFL: Satzungen (2011), § 4.

2.2 Nachwuchsarbeit im Fußball

2.2.1 Nachwuchsarbeit auf Verbandsebene

Dem Sport an sich und Fußball als Mannschaftssportart im Besonderen kommen einige Funktionen zu Teil, die die gesellschaftliche Bedeutung von Vereinen unterstreichen. Hier zu nennen sei der Erziehungscharakter, die Freizeitgestaltung, der Leistungsgedanke sowie die Kinder- und Jugendbetreuung, die den Sport durch den Staat förder bar machen.[21] Um die Wichtigkeit der Jugendförderung auf Verbandsebene herauszustellen, erstellt der DFB eine Jugendordnung, die das Geschehen im Jugendfußball regeln soll. Nach dem bereits erwähnten frühzeitigen Ausscheiden bei der Europameisterschaft 2000 hat der DFB mit dem erweiterten Talentförderprogramm versucht, das zu dieser Zeit bestehende Vakuum an talentierten und gut geförderten Jugendspielern zu beseitigen. Als Grund für den Mangel an talentierten Junioren wurde eine bisher nicht „genügend forcierte Talentförderung"[22] ausgemacht, die Defizite in der flächendeckenden Sichtung und Förderung der Jugendspieler vorweist. Unter Talentförderung versteht man in diesem Fall „gezielte Maßnahmen zur Entwicklung sportartspezifischer Fähigkeiten und Fertigkeiten vor allem bei jungen und talentierten Sportlern"[23].

Der Verband reagierte mit einem jährlich 10 Millionen Euro teuren Projekt zum flächendeckenden Stützpunkttraining, auf welches später (Kapitel 3.1) noch intensiver eingegangen werden soll.[24] Hierdurch greift der Verband ab dem 12. Lebensjahr der Jugendlichen aktiv in die Talentförderung der Spieler ein. Dieser Zeitpunkt wird in der Sportwissenschaft als das sogenannte „Goldenen Lernalter"[25] der fußballspezifischen Entwicklung bezeichnet. Das Stützpunktprogramm dient den Lizenzvereinen als ideales Sichtungs- und Scoutingtool, denn die talentiertesten Spieler einer Region finden sich dort zum wöchentlichen Training ein. Übergeordnet erfolgt die Eliteförderung des DFB durch Jugendnationalmannschaften, die den Verband ab der U15 international vertreten. Hier konnten in naher Vergan-

---

[21] Vgl. Madeja (2009), S. 2.

[22] DFB (Hrsg.) (2010), S. 4., online zu finden unter http://talente.dfb.de/index.php?id=519515 (Stand 06.01.2012).

[23] Aichaoui (2006), S. 149.

[24] Vgl. DFB (Hrsg.) (2002), online zu finden unter
http://www.dfb.de/index.php?id=500014&tx_dfbnews_pi1%5BshowUid%5D=71&tx_dfbnews_pi4%5Bcat%5D=10
(Stand 06.01.2012)

[25] DFB (Hrsg.) (2010), S. 9., online zu finden unter http://talente.dfb.de/index.php?id=519515 (Stand 06.01.2012).

genheit mit den Europameisterschaftstiteln der U17, U19 und U21 große Erfolge gefeiert werden. Desweiteren wurde dem DFB 2009 die „Maurize-Burlaz-Trophäe" für die beste europäische Nachwuchsarbeit verliehen. Eindrucksvoll belegt dies, dass Deutschland an den ehemaligen Vorbildern Frankreich und den Niederlanden vorbeigezogen ist.[26] Der DFB-Generalsekretär Wolfgang Niersbach beschreibt das verbandsinterne Umdenken so, dass die Nachwuchsarbeit mittlerweile das Kerngeschäft des DFB darstellt.[27] Ebenfalls Teil der Nachwuchsarbeit auf Verbandsebene bilden die Landesverbände, die ihre regionalen Talente durch Landesauswahlmannschaften fördern und die grundlegenden Schritte der Talentsichtung übernehmen.

2.2.2 Nachwuchsarbeit auf Vereinsebene

„Die Träger der fußballsportlichen Jugendarbeit sind die Fußball-Jugendabteilungen der Vereine"[28], so definiert der DFB die Stellung der Vereine in der Nachwuchsarbeit. Die Nachwuchsarbeit auf Vereinsebene variiert je nach Größe und Potenzial des Clubs. Das fußballerische 1x1 erlangen die Spieler bei ihren Heimatvereinen, die somit den Grundstein der Talentförderung bilden. Der Leistungsgedanke steht hier jedoch nicht im Vordergrund, sondern die Kinder-und Jugendbetreuung, der Erziehungscharakter und die Freizeitgestaltung, die als Funktionen des Sports gelten.[29] Die Spitze der Nachwuchsarbeit bilden die Lizenzvereine, die ab der U12 Leistungszentren unterhalten müssen und somit die Talente der Clubs in ihrem „goldenen Lernalter" weiterentwickeln können. Der Übergang in den Seniorenbereich erfolgt nach dem vollendeten 18. Lebensjahr.[30]

2.3   Das Transfersystem im Profifußball

Die Jugend- und Nachwuchsarbeit der Profivereine im Fußball hängt neben der internen Arbeit der Clubs, bezogen auf die Konzeption des Vereins und die wirtschaftliche Leistungsfähigkeit, auch von externen Faktoren ab, die das Manage-

---

[26] Vgl. DFB (Hrsg.) (2009a), online zu finden unter
http://www.dfb.de/index.php?id=500014&tx_dfbnews_pi1%5BshowUid%5D=20992&tx_dfbnews_pi4%5Bcat%5D=70
(Stand 06.01.2012).

[27] Vgl. DFB (Hrsg.) (2009b), online zu finden unter
http://www.dfb.de/index.php?id=500014&tx_dfbnews_pi1%5BshowUid%5D=21107 (Stand 06.01.2012).

[28] DFB-Statuten: 8. Jugendordnung (2011), §1.

[29] Vgl. Madeja (2009), S. 2.

[30] Vgl. DFB-Statuten: 8. Jugendordnung (2011), § 5.

ment nicht selbst beeinflussen kann. Neben gesellschaftspolitischen Anforderungen und wirtschaftlichen Rahmenbedingungen gehört im Profifußball auch das Transfersystem dazu. Fußballvereine verfügen über materielle Vermögensgegenstände, wie Infrastruktur oder Anlagevermögen, welche zu Finanzierungszwecken veräußert werden können.[31] Ebenfalls zur Mittelbeschaffung gehört hier das „Transfergeschäft mit Fußballspielern"[32].

2.3.1 Das Bosman-Urteil und seine Folgen

Grundlegend verändert hat das Transfergeschäft mit Fußballern im Profigeschäft das s.g. „Bosman-Urteil". Der belgische Fußballprofi Jean-Marc Bosman prozessierte gegen seinen damaligen Arbeitgeber, den Proficlub RFC Lüttich, den belgischen Fußballverband sowie die UEFA vor dem EuGH. Bosman sah sich durch die zu zahlenden Transferentschädigungen und die damals bestehende Ausländerklausel im Profifußball seiner nach dem EG-Vertrag garantierten Arbeitnehmerfreizügigkeit gemäß Art. 59 EG massiv eingeschränkt.[33] Es war üblich, dass auch wenn der Vertrag eines Spielers endet und er ihn nicht verlängert, eine Ablösezahlung durch den den Spieler aufnehmenden Verein zu bezahlen sei. Das Urteil des EuGH vom 15.12.1995 kippte diese Regel und somit wurden „Ablösesummen nur noch bei Vereinswechseln während der Vertragslaufzeit rechtmäßig"[34]. Ausländerbeschränkungen wurden in diesem Zuge ebenfalls als nicht mit dem EG-Recht vereinbar eingestuft.[35] Grundlage hierfür waren bestehende Bestrebungen der Verbände zur Sicherung nationaler Interesen, wie dem nationalen Charakter der Meisterschaft und der Identifikation der Fans mit der Mannschaft, durch Regulierung der Ausländeranzahl. Der ablösefreie Vereinswechsel nach Vertragsende hat zur Folge, dass Vereine ihre Spieler nun längerfristig an sich binden, um bei einer vorzeitigen Vertragsauflösung Erträge zu erwirtschaften. Für die Spieler bedeutet dies im Umkehrschluss, dass ihre Gehälter signifikant erhöht wurden.[36] Insbesondere bei neuen Vertragsabschlüssen generieren die Lizenzfußballer heute hohe Einnahmen durch Handgeldzahlungen.

---

[31] Vgl. Dworak (2010), S. 201 f.

[32] Ebenda.

[33] Vgl. Bellon u.a. (2005), S. 257.

[34] Ebenda.

[35] Vgl. Holzhäuser (2006), S. 265.

[36] Vgl. Bellon u.a. (2005), S. 258.

Erhebliche Veränderungen auf die konzeptionelle Ausrichtung vieler Profivereine hatte der Wegfall von Ausländerbeschränkungen im Spielbetrieb. Eine UEFA-Regelung aus dem Jahr 1991 wurde durch das Bosman-Urteil als nichtig erklärt. Diese besagte, dass Verbände die Regel aufstellen konnten, wonach ausschließlich drei ausländische Spieler pro Mannschaft eingesetzt werden dürfen zuzüglich zweier Spieler, die mindestens ununterbrochen fünf Jahre im betroffenen Verband gespielt haben. Durch diese Veränderung können Profivereine nun weltweit nach geeignetem Spielermaterial scouten und ausschließlich nach dem Leistungsprinzip aufstellen. Einhergehend damit stieg die Ausländerquote in der deutschen Bundesliga von damals 20,79 %[37] (Saison 1994/1995) auf aktuell rund 43 %[38]. Heutzutage dürfen beliebig viele Spieler aus UEFA-Mitgliedsverbänden eingesetzt werden sowie fünf Spieler aus anderen Kontinentalverbänden. Für junge einheimische Sportler bedeutet dieses Urteil einen gestiegenen Wettbewerb mit ausländischen Akteuren um die Plätze im Kader der Lizenzvereine. Gerade Spieler aus den Niederlanden oder Frankreich konnten Ende der 90er Jahre durch technische und spielerische Qualitäten die Vereine von sich überzeugen und wurden deutschen Talenten, deren Ausbildung nicht dem internationalen Standard entsprach, vorgezogen. Einige Verbände, darunter der DFB haben jedoch eine Mindestzahl nationaler Spieler bestimmt, die von den Vereinen beschäftigt werden müssen. In Deutschland müssen mindestens zwölf Spieler pro Verein die deutsche Staatsangehörigkeit nach § 11 der Spielordnung in ihrem Lizenzkader vorweisen. Den Clubs bleibt es überlassen, so viele ausländische Profis zu beschäftigen wie sie nur möchten. Diese Regelung soll zur „Wahrung der nationalen Identität der Liga führen"[39] und zur Nachwuchsförderung anregen. Für viele Vereine war es nach Aufhebung der Ausländerregelung und v.a. Wegfall der Transferzahlungen bei auflösenden Verträgen nicht mehr reizvoll gewesen, intensive Arbeit und monetäre Aufwendungen in die Jugendakademien zu stecken.

2.3.2 Ausbildungsentschädigung

Durch den bereits erwähnten Wegfall von Transferentschädigungen nach Vertragsende im Zuge des Bosman-Urteils stellten sich viele Vereine die Frage, ob es überhaupt noch zeitgemäß sei, viel Geld in eine langfristige Jugendarbeit zu ste-

---

[37] Bellon u.a. (2005), S. 258 f.

[38] DFL (Hrsg.) (2011), S. 36.

[39] Holzhäuser (2006), S. 266.

cken.[40] Gerade Jugendspieler sind auf Grund der Konkurrenzsituation in den Vereinen dafür prädestiniert, nach Beendigung der vertraglichen Beschäftigung zu
neuen Vereinen zu wechseln und dort auf eine Chance im Profifußball zu hoffen.
Der Weltverband FIFA reagierte auf diese Besorgnis der Vereine mit dem Kapitel
„Ausbildungsentschädigung und Solidaritätsmechanismus"[41] im Reglement. Somit
erhalten Vereine, die an der Ausbildung des Spielers beteiligt waren, bei der Un-
terzeichnung des ersten Profivertrags eine Entschädigung. Ebenfalls finanziell beteiligt werden sie bei Transfers des Spielers bis zu der Saison, in der der Spieler
23 Jahre alt wird. Grundlage hierfür ist, dass ein Fußballspieler sich offiziell von
seinem zwölften bis zu seinem dreiundzwanzigsten Lebensjahr in der fußballspezifischen Ausbildung befindet. Die Berechnungsgrundlage der Ausbildungsentschädigung ist der finanzielle Aufwand, den der neue Verein gehabt hätte, wenn er
den Spieler in der Jugend selbst ausgebildet hätte.[42] Diese Beträge werden von
den nationalen Verbänden festgesetzt. Der Solidaritätsmechanismus wiederum
regelt die Beteiligung der Ausbildungsvereine an den Transfererlösen durch den
Spieler. So werden 5 % der Transfersumme nach einem Berechnungsschema auf
die Vereine aufgeteilt, die den Spieler zwischen seinem 12. und 23. Lebensjahr
betreut haben.[43] Im Idealfall erhält ein Verein, der den Spieler ab dem 12. Lebensjahr bis zu seinem 23. Geburtstag ausgebildet hat, 5 % der gesamten Transfersumme.

Allgemein lässt sich jedoch sagen, dass diese Entschädigungen im Vergleich zu
den Transfersummen vor dem Bosman-Urteil 1995 sehr gering ausfallen und keinen adäquaten Einnahmenersatz für die Vereine darstellen.

---

[40] Vgl. hier und im Folgenden Bellon u.a. (2005), S. 258.

[41] Vgl. DFB-Statuten: 16. FIFA: Reglement Spielerstatus (2011), VII.

[42] Vgl. DFB-Statuten: 16. FIFA: Reglement Spielerstatus (2011), Anhang 4 5.

[43] Vgl. DFB-Statuten: 16. FIFA: Reglement Spielerstatus (2011), Anhang 5 1.

3.   Die Nachwuchsarbeit im deutschen Profifußball

Das dritte Kapitel beschäftigt sich vorrangig mit der Entwicklung der Nachwuchsförderung in Deutschland. Dabei wird insbesondere auf die Einführung von Nachwuchsleistungszentren im Lizenzfußball eingegangen. Aktuelle Themen wie die
momentane Situation der NLZ und deren Zertifizierung finden dabei Berücksichti-
gung.

3.1   Die Beschlüsse des DFB-Bundestages vom 03.05.2002

3.1.1 Die DFB-Talentförderung

Spätestens nach dem Ausscheiden bei der Europameisterschaft 2000 in Belgien
und den Niederlanden erhielt das bisherige „Qualitätssiegel Made in Germany"[44],
welches durch die erfolgsverwöhnte Historie des deutschen Fußballs lange Zeit
unantastbar schien, erste tiefe Kratzer. In Anbetracht der anstehenden Weltmeis-
terschaft 2006 im eigenen Land reagierte der DFB auf den Mangel an talentierten
Kräften im deutschen Profigeschäft mit umfassenden Reformen. Angetrieben vom
DFB-Präsidenten Gerhard Mayer-Vorfelder verabschiedete der DFB-Bundestag
am 03. Mai 2002 ein jährlich 10 Millionen Euro teures Projekt zur flächendeckenden Talentförderung im Bundesgebiet.[45] Bundesweit wird seitdem durch den Fuß-
ball-Verband nach Talenten gesichtet. Diese erhalten wöchentlich in knapp 400
heimatnahen DFB-Stützpunkten ein Zusatztraining unter Anleitung qualifizierter
Trainer. Rund 1.200 Honorartrainer werden hierfür vom Verband beschäftigt und
weitergebildet. 22.000 Junioren und Juniorinnen erhalten jährlich eine intensivierte
Förderung, welche nach Aussage Mayer-Vorfelders weltweit seines Gleichen
sucht.

3.1.2 Die U19-Bundesliga

Neben dem Stützpunktsystem, welches eine Talentförderung in der Breite garan-
tiert, beschloss der DFB-Bundestag desweiteren die Einführung der U19 Bundes-

---

[44] Eberle (2000a), S.2.
[45] Vgl. hier und im Folgenden Bellon u.a. (2005), S. 261.

liga zur Saison 2003/2004.[46] Im Spitzenbereich der Talentförderung sollen sich fortan die Jugendteams der Proficlubs noch intensiver miteinander messen. Neben der U19 Bundesliga wurde in den Folgejahren ebenfalls in der U17 eine dreigeteilte Bundesliga eingeführt, sowie in der U15 fünf Regionalligen. Sinn und Zweck dieser Reform ist die leistungsspezifische Eliteförderung. Diese führt zu erhöhten Zeitaufwendungen der Spieler, welche sie für Training und Spiele investieren müssen. Auch für die Vereine sind einhergehend die finanziellen Aufwendungen für dieses Ligensystem gestiegen.

3.2 Nachwuchsleistungszentren

3.2.1 Historische Entwicklung

Neben den bereits genannten Aktivitäten des DFB zur Nachwuchsförderung auf Verbandsebene, hat sich ebenfalls der Ligaverband dazu entschieden, die Talentförderung in den Lizenzvereinen durch eine Lizenzierungsvorschrift aktiv zu unterstützen. Demnach ist es Zweck und Aufgabe der DFL, den „Fußballsport [...] v.a. in seinem Jugendbereich, durch die Bildung und Unterhaltung von Leistungszentren und eine qualitativ hohe Ausbildung talentierter Nachwuchsspieler zu unterstützen und zu fördern"[47]. Seit der Saison 2001/2002 müssen die Lizenzvereine der 1.Bundesliga die Existenz von Leistungszentren (LZ) nachweisen. [48] Für die Vereine der 2.Liga war dieser Nachweis zuerst eine „Soll-Bestimmung". Zur Lizenzierungsvorschrift wurden die LZ im Juli 2002. Rund 50 % der Spieler der Junioren-Nationalmannschaften werden mittlerweile ausschließlich in Leistungszentren ausgebildet. Sie gehen nicht den Weg über das Talentförderprogramm des DFB, sondern wechseln direkt vom Heimatverein in die NLZs.[49] Das zeugt davon, dass die Profi-Clubs viele ihrer Talente bereits ab der U12 eigenständig ausbilden um somit eine konsequente, langfristige und v.a. vereinsbezogene Entwicklung sicherzustellen. Die Spieler unter 21 (insgesamt 62), die in der Saison 2009/2010 in

[46] Vgl. DFB (Hrsg.) (2002),), online zu finden unter
http://www.dfb.de/index.php?id=500014&tx_dfbnews_pi1%5BshowUid%5D=71&tx_dfbnews_pi4%5Bcat%5D=10
(Stand 06.01.2012).
[47] DFB-Statuten: 14. Ligaverband/DFL: Satzungen (2011), § 4.
[48] Vgl. DFB (Hrsg.) (2000), online zu finden unter
http://www.dfb.de/index.php?id=500014&tx_dfbnews_pi1%5BshowUid%5D=217&tx_dfbnews_pi4%5Bcat%5D=10
(Stand 06.01.2012).
[49] Vgl. DFB (Hrsg.) (2010b), S. 27., online zu finden unter http://www.imspiel-magazin.de/pdf/dfb_ppp_bilanzII.pdf
(Stand 06.01.2012).

der 1.Bundesliga eingesetzt wurden, waren spätestens ab der U20 in den Leistungszentren untergebracht. Somit lässt sich festhalten, dass mittlerweile die vor
rund zehn Jahren eingeführten LZ als Voraussetzung für den Sprung in die
1.Bundesliga zu sehen sind. Der prozentuale Anteil deutscher Spieler im Profifußball ist in den letzten 10 Jahren um 7 % angestiegen.[50] Dadurch lässt sich schließen, dass die Vereine gut ausgebildete deutsche Spieler Profis denen aus dem
Ausland vorziehen. Indiz für diese Strategieänderung ist auch der gesunkene Al-
tersschnitt (von 27,12 Jahren 2002/2003) auf den aktuellen Stand von 25,77 Jahren. Grundlage ist sicherlich die geänderte Konzeption einiger Vereine, die Anfang
der Jahrtausendwende noch auf teure Importschlager wie Marcio Amoroso (Transfersumme rund 25.000.000 €[51]) von Borussia Dortmund setzten. Mittlerweile setzen diese Clubs durchaus erfolgreich auf Talente (wie Mario Götze oder Marcel
Schmelzer) aus der eigenen Jugend. Voraussetzung für dieses Umdenken in den
Vereinen waren jedoch auch exogene Ursachen, die finanzielle Probleme für die
Vereine hervorriefen wie bspw. die Kirch-Krise oder der bankenrechtliche Standard „Basel II".[52]

In der Saison 2009/2010 gibt jeder Bundesliga-Club rund 3,7 Millionen Euro jährlich im Liga-Durchschnitt für sein Leistungszentrum aus.[53] Der Gesamtbetrag bedeutet eine Steigerung um 50 % - verglichen mit der Saison 2006/2007 - sowie
einen Anstieg um 20 % zur Vorsaison 2008/2009.[54] Die Summe von 66 Millionen €
jährlich, die die Clubs in die Nachwuchsförderung jetzt investierten macht 3,58 %
des Gesamtaufwands in der Saison 2009/2010 aus. In der Saison 2006/2007 waren dies noch 3,26 %. Der aktuelle Anteil am Bundesliga-Aufwand ist der höchste
in den letzten Jahren und zeugt von der immer weiter wachsenden Bedeutung und
Beachtung des Nachwuchsbereichs durch das Management der Clubs. In der
2.Bundesliga liegt der Prozentsatz derzeit sogar bei 5,77 % des Gesamtaufwands
aller Clubs.[55] Im kompletten Lizenzfußball werden somit jährlich über 85 Mio. € in

---

[50] Vgl. hier und im folgenden DFL (Hrsg.) (2011), S. 37.

[51] Transfermarkt GmbH & Co. KG, online zu finden unter
http://www.transfermarkt.de/de/marcio-amoroso/transfers/spieler_1263.html (Stand 06.01.2012)

[52] Vgl. Benz/Gehring (2009), S. 36 f.

[53] Vgl. DFL-Bundesliga Report (2011), S. 12.

[54] Vgl. DFL-Bundesliga Report (2011), S. 13.

[55] Vgl. DFL-Bundesliga Report (2011), S. 39.

die Nachwuchsförderung investiert. Daraus ergibt sich ein prozentualer Anteil von 3,92 % des Gesamtaufwands des Lizenzfußballs.

3.2.2 Nachwuchsleistungszentren als Lizenzierungsvorschrift

3.2.2.1 Das Lizenzierungsverfahren der DFL

Das Lizenzierungsverfahren zur Erhaltung des Spielbetriebs gibt es in Deutschland bereits seit den 1960er Jahren, als Anforderungen zur Rechnungslegung und Prüfung der Vereine festgelegt wurden.[56] Der Hintergrund der Lizenzierung besteht darin, dass die Fußballvereine in ihrer Größe mit mittelständischen Unternehmen gleichzusetzen sind, allerdings meistens in der Rechtsform des e.V. vorliegen und somit grundsätzlich nicht zur externen Rechenschaftslegung verpflichtet sind. Blickt man jedoch auf die immer weitere wachsende wirtschaftliche Tragweite eines Vereines, kann es in Einzelfällen zu Überschuldungen kommen und im Extremfall auch zu einer Insolvenz. Auf Grund der Organisation der Vereine im Ligabetrieb würde eine Insolvenz eines Clubs ebenfalls negative Auswirkungen auf die anderen in der Liga vertretenen Vereine haben. Denn ohne Wettbewerber kann kein sportlicher Wettkampf erfolgen. Zur Gewährleistung des Spielbetriebs über eine ganze Saison hinweg müssen die Lizenzbewerber somit sportliche, rechtliche, personelle, administrative, infrastrukturelle und sicherheitstechnische Kriterien erfüllen, die in der Kombination letztendlich zur Teilnahme an den Lizenzligen berechtigen.[57] Zu diesen Punkten kommt abschließend die notwendige wirtschaftliche und finanzielle Leistungsfähigkeit. Die Aufgabe der Lizenzierung ist das Gesamtinteresse der Liga dem zum Teil egoistischen Verhalten einzelner Vereine vorzuziehen.[58] Die Vereine einer Liga sind zwar Woche für Woche sportliche Konkurrenten, kooperieren jedoch bei der Leistungserstellung des Produkts „Fußballspiel" (Kooperenz). Sollten nun Clubs einer Liga aus wirtschaftlichen Gründen den Spielbetrieb nicht aufrecht erhalten können, führt dies zur Senkung der Produktqualität für den Konsumenten, den Fan. Dies zu vermeiden ist oberstes Gebot der Lizenzierung. Die Lizenzierung dient der Liga somit zur Integrität des Wettbewerbs, zur Stabilität und Kontinuität. Sie stärkt das Markenimage der DFL. Die

---

[56] Vgl. hier und im Folgenden Jäck/Meffert (2008), S.282.

[57] Vgl. Dworak (2010), S. 69.

[58] Vgl. hier und im Folgenden Bezold u.a. (2008), S. 87.

Vorschriften hierzu finden sich in der Lizenzierungsordnung (LO) im Ligastatut des Ligaverbandes sowie in den dazugehörigen Anhängen.

3.2.2.2 Richtlinien für die Nachwuchsleistungszentren

Die sportlichen Kriterien zur Erfüllung der Lizenzierungsvoraussetzungen für die ersten beiden Ligen im Profifußball sind zweigeteilt. Auf der einen Seite ist dies die sportliche Qualifikation, die in der Spielordnung festgelegt ist. Auf der anderen Seite die Führung eines Leistungszentrums, welches den Anforderungen des Ligastatuts entsprechen muss.[59] Es ist festzustellen, dass die Vereine im Profifußball faktisch ohne die Unterhaltung von Leistungszentren keine Lizenz erhalten können. Die Voraussetzungen, welche die LZ erfüllen müssen, unterscheiden sich in zwei Kategorien, je nach Zugehörigkeit zur ersten oder zweiten Bundesliga. Aufsteiger müssen die Mindestvoraussetzungen spätestens zum 01.August des Folgejahres (t+1) nachweisen können. Anhang V der Lizenzierungsordnung gibt Auskunft über „die Errichtung und Unterhaltung von Leistungszentren"[60]. Ziel der Implementierung von Leistungszentren ist die Harmonisierung mit dem bereits erläuterten Talentförderprogramm des DFB. Dies führt nochmals vor Augen, dass der Ligaverband ebenfalls auf das desaströse Auftreten der deutschen Mannschaft bei der Europameisterschaft 2000 reagieren wollte und somit gleichermaßen seinen Anteil an der deutschen Talententwicklung sieht. Nachwuchsleistungszentren im deutschen Profifußball teilen sich in die drei Kategorien Grundlagen- (U9-U11), Aufbau- (U12-U15) und Leistungsbereich (U16-U23).[61] Insgesamt müssen die NLZ ab dem Aufbaubereich mindestens acht Mannschaften melden, von denen, Minimum sieben - Maximum neun, am offiziellen Spielbetrieb von DFB bzw. Regional- oder Landesverband teilnehmen. Die Anzahl der Spieler, welche für die verschiedenen Altersklassen eine Spielberechtigung erhalten, liegt im Aufbaubereich bei maximal 20. Im Leistungsbereich dürfen zwei weitere Spieler nominiert werden. Ebenfalls reglementiert ist im Anhang V der LO die Anzahl der Spieler, welche für die deutschen Auswahlmannschaften spielberechtigt sein müssen. So ist es im Leistungsbereich zwingend erforderlich, dass zwölf Spieler des Kaders für deutsche Juniorennationalmannschaften eingesetzt werden können.

---

[59] Vgl. hier und im folgenden DFB-Statuten: Ligaverband: Ligastatut (2011), § 3.

[60] DFB-Statuten: Ligaverband: Ligastatut (2011), Anhang V 1.

[61] Vgl. DFB-Statuten: Ligaverband: Ligastatut (2011), Anhang V 2.

Wie bereits erwähnt, unterscheiden sich die Anforderungen an Leistungszentren der 1. und 2. Bundesliga. So müssen Vereine der Kategorie 1 (= 1.Bundesliga) drei Rasenplätze zur Verfügung stellen, Kategorie-2-Vereine jedoch nur zwei.[62] Ebenfalls gibt es Unterschiede in der Qualifikation der Mitarbeiter, insbesondere der Trainerlizenz. In der 1. Bundesliga sind drei hauptamtliche Trainer erforderlich (2. Liga: zwei hauptamtliche), von denen zwei die Fußball-Lehrer Lizenz und einer die A-Lizenz vorweisen müssen (2.Liga: ein Fußball-Lehrer, eine A-Lizenz). Diese Vorschriften betreffen im Folgenden auch die ärztliche sowie physiotherapeutische Betreuung der Spieler. Gleicherweise Lizenzierungsvorschrift der LZ ist die kon-zeptionelle Arbeit in der Jugendabteilung der Lizenzvereine. Jeder Club muss ein Jugendförderprogramm entwickeln, das die wichtigsten Ziele und die Philosophie der Arbeit des LZ verständlich macht. Für die schulische Entwicklung der Spieler muss eine Partnerschule zur Verfügung stehen, so dass jeder Jugendliche die Möglichkeit hat, neben dem Fußball auch einem geregelten Schulalltag nachzu-gehen.[63] Vertraglich besteht für die Vereine die Möglichkeit, im Leistungsbereich Förderverträge mit den Spielern abzuschließen, die dann als Vertragsspieler vor der DFL gelten.[64] Wichtig hierbei ist wiederum zur Förderung des deutschen Nachwuchses, dass mindestens 60% dieser Verträge mit Jugendlichen abge-schlossen werden, die für die deutschen Jugendnationalteams eingesetzt werden können und auch die deutsche Staatsbürgerschaft besitzen.

Nicht mehr unter die Rubrik Nachwuchsleistungszentren fallen die Bestimmungen zum Spielereinsatz in Lizenzmannschaften, welche aber durch ihr Dasein die Ar-beit im NLZ lohnenswert machen. Jeder Club im Profigeschäft muss mindestens zwölf Spieler unter Vertrag haben, welche die deutsche Staatsbürgerschaft besit-zen.[65] Diese müssen auf der offiziellen Spielberechtigungsliste vermerkt sein, wel-che der DFL vorzulegen ist. Mindestens acht dieser Spieler sind sogenannte „Lo-cal Player", die sich in „vom Verein ausgebildete" und „vom Verband ausgebildete" Spieler unterteilen.[66] Von den acht Local-Playern müssen wenigstens vier vom Verein ausgebildet worden sein. Dies tritt ein, wenn der Spieler im Alter zwischen 15 und 21 drei Jahre für diesen Verein spielberechtigt war. Nach drei Jahren

---

[62] Vgl. hier und im folgenden DFB-Statuten: Ligaverband: Ligastatut (2011), Anhang V 2.

[63] Vgl. DFB-Statuten: Ligaverband: Ligastatut (2011), Anhang V 3.

[64] Vgl. DFB-Statuten: Ligaverband: Ligastatut (2011), Anhang V 4.

[65] Vgl. DFB-Statuten: Ligaverband: Ligastatut (2011), Spielordnung § 11.

[66] Vgl. DFB-Statuten: Ligaverband: Ligastatut (2010), Lizenzordnung Spieler § 5a.

Spielberechtigung für einen anderen Verein im Alter zwischen 15 und 21 gilt er somit als „vom Verband ausgebildet".

3.2.3 Aktuelle Situation der Nachwuchsleistungszentren

In den letzten zehn Jahren seit Bestehen der Nachwuchsleistungszentren ist mittlerweile die intensive und kostspielige Nachwuchsförderung der Lizenzvereine – mehr als 500 Millionen € beträgt bisher die gesamte Investitionssumme der Proficlubs seit Einführung der NLZ[67] - auch im Profifußball angekommen. Aktuelle Nationalspieler wie Manuel Neuer, der ab der U6 in der Jugendabteilung des FC Schalke 04 ausgebildet wurde oder Thomas Müller, der seit der U12 seine Fußballschuhe für den FC Bayern München schnürt, stehen exemplarisch für eine Reihe junger Spieler, die ihr Karriere bereits in Kindesalter in den Leistungszentren begonnen haben. [68] In der Saison 2010/2011 wurden 5445 Spieler in den 36 Leistungszentren des Profifußballs gefördert, aufgeteilt auf insgesamt 282 Mannschaften.[69] Darunter befinden sich 433 Akteure, die in den Internaten der Proficlubs ein Zuhause gefunden haben.[70] 275 Spieler der Bundesliga wurden in den Leistungszentren ausgebildet. 20,4 % der Bundesligaakteure spielten in der Saison 2010/2011 noch für den Verein, in dem sie ausgebildet wurden. In der zweiten Bundesliga liegt der Schnitt etwas niedriger. Dies ist darauf zurückzuführen, dass sich viele Vereine der 2. Bundesliga bei den Leistungszentren der 1.Liga bedienen und diesen Spieler eine Chance bieten, dort zu Einsatzzeiten zu kommen.[71] In den letzten Jahren ist die Anzahl der Local Player im Lizenzbereich um 5 % gestiegen. Wenn man nun die Anzahl der Local Player in der 1.Bundesliga der Saison 2011/2012 betrachtet (Tab.1) ist festzustellen, dass der Hamburger SV aktuell die meisten vom Verein ausgebildeten Spieler im Ligavergleich in seiner Lizenzmannschaft vorweisen kann (10). Der Aufsteiger FC Augsburg beschäftigt mit 18 Spielern die meisten vom Verband ausgebildeten Spieler. Der SV Werden Bremen hält im Gesamtbereich Local Player mit 24 Spielern das Maximum.

---

[67] Vgl. DFL (2011), S.4.

[68] Vgl. DFB – Auswertung der Talentförderung (2010), S. 7.

[69] Vgl. DFL (2011), S.4.

[70] Vgl. Ebenda, S. 20

[71] Vgl. hier und im folgenden DFL (2011), S. 39.

Verein	vom Verein	vom Verband	Gesamt
Borussia Dortmund	6	11	17
Bayer 04 Leverkusen	6	12	18
FC Bayern München	6	8	14
Hannover 96	4	10	14
1.FSV Mainz 05	4	16	20
1.FC Nürnberg	4	15	19
1.FC Kaiserslautern	5	12	17
Hamburger SV	**10**	9	19
SC Freiburg	5	11	16
1.FC Köln	8	8	16
1899 Hoffenheim	4	12	16
VfB Stuttgart	7	6	13
Werder Bremen	9	15	**24**
FC Schalke 04	9	8	17
VfL Wolfsburg	5	11	16
Borussia Mönchengladbach	7	8	15
Hertha BSC Berlin	9	7	16
FC Augsburg	3	**18**	21

Tab. 1: Local-Player in der 1.Bundesliga 2011/2012[72]

Alle sportlichen Leiter der Leistungszentren der 1.Bundesliga sind in Vollzeit bei ihren Vereinen beschäftigt, und mehr als die Hälfte davon kann sogar die Fußball-Lehrer-Lizenz vorweisen.[73] 135 Vollzeit-Trainer/Leiter sowie 125 Teilzeitbeschäftige sind im Fußballoberhaus für die Leistungszentren tätig. Wie für viele Spieler bietet sich auch für Trainer und Manager der NLZ die Möglichkeit, die dortige Ar-

---

[72] Eigene Darstellung nach Kicker-Sonderheft (2011).

[73] Vgl. hier und im folgenden DFL (2011), S.40.

beit als Sprungbrett für die Karriere zu nutzen. Immer häufiger setzen Vereine auf Übungsleiter, die bereits im Juniorenbereich tätig waren und dort bewiesen haben, dass sie mit jungen und v.a. entwicklungsfähigen Spielern gut umgehen können. Bekannteste Beispiele dieser Trainerriege sind Thomas Tuchel (FSV Mainz 05) sowie Marco Kurz (1.FC Kaiserslautern). Im Managementbereich sind hier die Manager von 1899 Hoffenheim Ernst Tanner, und von Borussia Mönchengladbach Max Eberl zu nennen, sowie der Leiter der Kommission Leistungszentren, Andreas Rettig (FC Augsburg), die alle zuvor in Leistungszentren der Lizenzvereine gearbeitet haben.

3.2.4 Zertifizierung der Nachwuchsleistungszentren

Im Jahr 2006 ging die DFL in Kooperation mit dem DFB in puncto Leistungszentren noch einen Schritt weiter. Seit vier Spielzeiten waren die NLZ bereits Lizenzierungsvorschrift. Gemeinsam erarbeiteten Verband und Liga eine „Konzeption zur Zertifizierung der Leistungszentren"[74]. Unter Zertifizierung versteht man in der Wirtschaft bzw. Wissenschaft die Einhaltung vorher festgelegter Anforderungen.[75] Wichtig ist hierbei, dass nicht nur der Ist-Zustand analysiert wird, sondern insbesondere auf Nachhaltigkeit und Fortschritt geachtet wird. Alle Clubs, die nach § 3 Nr.2 der Lizenzierungsordnung ein Leistungszentrum unterhalten sind demnach verpflichtet, an der Zertifizierung teilzunehmen.[76] Der DFB-Sportdirektor Matthias Sammer sieht diesen Schritt als Weiterentwicklung der bisherigen Talentförderung der Vereine. Die Clubs sollen durch die Zertifizierung anhand objektiver Messmethoden erfahren, in welchen Bereichen ihre Arbeit noch Optimierungspotential bietet. Diese Zertifizierung ist ein Meilenstein in der Talentförderung und kann als Qualitätsmanagement verstanden werden.

Exkurs Qualitätsmanagement:

Qualität definiert sich nach dem Deutschen Institut für Normung wie folgt: „Qualität ist die Beschaffenheit einer Einheit bezüglich ihrer Eignung, festgelegte oder vorausgesetzte Erfordernisse zu erfüllen"[77]. Das Ziel der Zertifizierung ist die Qualitätsanalyse der Leistungszentren anhand einheitlich festgelegter Parameter in den

---

[74] DFB (2006).

[75] Vgl. hier und im folgenden DFL (2011), S.27.

[76] Vgl. DFB-Statuten: Ligaverband: Ligastatut (2011), Anhang V 1.

[77] Bruhn (1999), S.25 nach Bezold u.a. (2008), S. 135.

einzelnen Kategorien.[78] Hierdurch soll sich für die Clubs Optimierungspotenzial ergeben und den Leitern der Leistungszentren Anhaltspunkte im Bereich des „Benchmark" geben. Unter Benchmarking wird hierbei eine Art des „Konkurrenzvergleichs" mit Branchen- oder Klassenbesten verstanden.[79] In der allgemeinen Betriebswirtschaftslehre spricht man, bezogen auf das Managementtool Qualitätsanalyse, von Informationssystemen für das Management. Ein operatives Informationssystem liefert „Daten zur Steuerung und Kontrolle programmierbarer Entscheidungen im jeweiligen Funktionsbereich"[80], welche zur Erledigung von Routineaufgaben im operativen Tagesgeschäft dienen. Analytische Informationssysteme hingegen liefern „Daten zur Prüfung und Kontrolle fallweiser Führungsentscheidungen auf der strategischen und taktischen Planungsebene"[81] Dies wird v.a. in der Unternehmensführung zur Informationsbeschaffung in Einzelfällen genutzt. Die Zertifizierung gibt somit dem betroffenen Verein Informationen für die Teilbereiche der Jugendarbeit, die auf eine konzeptionelle Verbesserung der Arbeitsabläufe abzielt. Die Arbeit von „Foot Pass" ist somit als analytisches Informationssystem zu sehen, dass es dem Management im Leistungszentrum ermöglicht, die bisher getane Arbeit an Hand von Kontrolldaten zu evaluieren sowie konzeptionelle Entscheidungen zu treffen.

Die Zertifizierung beurteilt nicht ausschließlich die Qualität des Endproduktes „Jugendspieler", sondern den Erstellungsprozess während der Ausbildung im Verein. Dieser Prozess muss dabei im Vorhinein bestimmte Merkmale aufweisen, die in diesem konkreten Fall bereits durch die DFL festgelegt wurden, um das festgelegte Qualitätsziel der Ausbildung erreichen zu können.[82] Die Untersuchung zur Zertifizierung wird weder von der DFL bzw. vom DFB durchgeführt, sondern wurde an eine externe Firma „outgesourced". Outsourcing bedeutet „Ressourcen nach außen verlagern"[83]. Kooperationspartner der Liga ist in diesem Fall die Firma „Double PASS" aus Belgien.

Mit dem Projekt „Foot PASS Deutschland" knüpft das belgische Unternehmen an die bereits zuvor durchgeführten Kontrollen der NLZ durch die DFL an und intensi-

---

[78] Vgl. Foot PASS Deutschland (Hrsg.) (2009), S. 4.

[79] Vgl. Freyer (2011), S.315.

[80] Wöhe (2008), S. 178.

[81] Wöhe (2008), S. 180.

[82] Vgl. Bezold u.a. (2008), S. 135.

[83] Madeja (2006), S. 51.

viert diese basierend auf den Richtlinien zur Lizenzierung nach Anhang V der Lizenzordnung. Die Rahmenbedingungen für die Nachwuchsleistungszentren sind
wie bereits erklärt hier festgehalten, „Foot PASS Deutschland" ermittelt in acht
Kategorien die Zertifizierung der Leistungszentren. Grundgedanke der Zertifizierung ist, dass man eine erfolgreiche Jugendarbeit nicht ausschließlich an den
Spielern messen kann, die letztendlich den Weg in den Profifußball schaffen. Dies
wäre ausschließlich die Betrachtung des Endproduktes „Fußballspieler". Der Weg
der Leistungserstellung wäre jedoch verloren gegangen. Selbstverständlich ist der
Punkt „Effektivität und Durchlässigkeit" nichts desto trotz wichtiger Bestandteil der
Zertifizierung. Die Talentförderung ist weitaus komplexer, als dass diese nur durch
die Anzahl der Profis ausgedrückt werden kann. Verbesserungspotenzial ergibt
sich in allen Teilbereichen, die aus einem Talent einen Profi machen sollen. Die
Mission des Projekts ist somit die „nachhaltige Qualitätsverbesserung und Effekti-
vitätssteigerung der Nachwuchsarbeit"[84]. Diese Aufgabe soll durch eine zyklische
Bewertung der Tätigkeit erfolgen. Das Team von „Double PASS" untersucht die
Leistungszentren in folgenden Bereichen:

> ➢ Strategie und Finanzen
> ➢ Organisation und Verfahren
> ➢ Fußballausbildung und Bewertung
> ➢ Unterstützung und Bildung
> ➢ Personal
> ➢ Kommunikation und Kooperation
> ➢ Infrastruktur und Ausstattung
> ➢ Effektivität und Durchlässigkeit.[85]

Der Bereich „Strategie und Finanzen" der Zertifizierung fordert eine schlüssige
Aufstellung des Vereins, in die wiederum die Mission des Leistungszentrums ein-
gearbeitet ist. Das LZ ist als Teil des Gesamtkonstrukts „Fußball-Verein" zu sehen
und hat als Unterbau der Lizenzabteilung einen sehr hohen Stellenwert. Ebenfalls
in diesem Bereich zu finden ist die finanzielle Ausstattung des Leistungszentrums,
welche in der Finanzplanung zukunftsorientiert zu finden ist. Der zweite Bereich
„Organisation und Verfahren" strukturiert das Geschehen im operativen Geschäft

---

[84] Foot PASS Deutschland (Hrsg.) (2009), S. 2.

[85] Vgl. DFL (2011), S.27.

des Leistungszentrums und ist somit die „Organisationspyramide"[86] des Entschei-
dungsprozesses im Leistungszentrum. Der dritte Zertifizierungsbaustein „Fußballausbildung" ist prinzipiell das Herzstück der täglichen Arbeit des LZ. Hier vereinen
sich die Punkte Vision der Ausbildung, Trainingsmöglichkeiten, Spiele, Bewertung
der Spieler und das sporttechnische Personal. Ohne eine erfolgreiche Arbeit in
diesem Punkt ist das Geschehen im Leistungszentrum nutzlos, denn das Ziel jeden Vereins muss es sein, den Nachwuchsspielern eine gute Ausbildung zu ermöglichen, um letztendlich genügend Potenzial in den Lizenzfußball integrieren zu
können. Der Teilbereich „Unterstützung und Bildung" beinhaltet die medizinische
Betreuung sowie das medizinische Personal. Desweiteren die schulische und soziale Unterstützung der Spieler durch den Verein. Im Punkt „Personal" dreht sich
im Zertifizierungsprozess alles um die Mitarbeiter des NLZ. Dabei ist neben ihren
sportlichen bzw. akademischen Qualifikationen auch die Kommunikation untereinander sowie mit den Spielern zu beachten. Der sechste Zeritifizierungsbaustein
„Kommunikation und Kooperation" beinhaltet partnerschaftliche Verbindungen des
LZ zu externen Partnern. Dazu zählen neben Kommunikationspartnern im Bereich
der Medien auch Kooperationspartner im Scouting bzw. Kooperations-Vereine.
Dort werden Talente heimatnah ausgebildet, bevor sie in die LZ übernommen
werden. Der vorletzte Punkt im Zertifizierungsprozess lautet „Infrastruktur". Er beinhaltet die Ausstattung des Leistungszentrums bezogen auf Spiel- und Trainings-
stätten sowie sonstige Räumlichkeiten. Den Abschluss der Zertifizierung betrifft
das Endprodukt der Leistungszentren. Die „Durchlässigkeit und Effektivität" der
NLZ spiegelt wieder, wie viele Spieler den Sprung in den Lizenzfußball bzw. zu
anderen LZ geschafft haben und im Optimalfall, die Anzahl der Nationalspieler.
Die Zertifizierung umfasst über 200 Kriterien in den bereits genannten Bereichen.
Diese acht Bausteine fließen jedoch zu unterschiedlichen Teilen in das Gesamtergebnis ein. Den größten Anteil hat hier die Fußballausbildung, das Basisprodukt
des Leistungszentrums.

---

[86] Wöhe (2008), S. 178.

Anteil am Gesamtergebnis in %

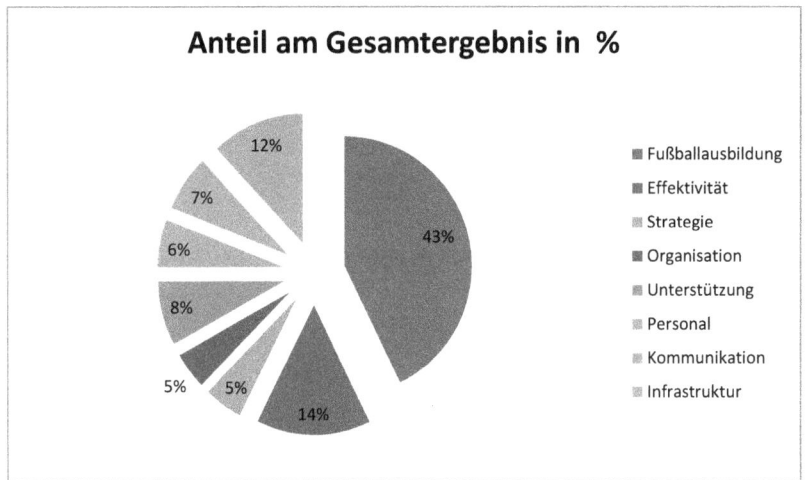

- ■ Fußballausbildung
- ■ Effektivität
- ▨ Strategie
- ■ Organisation
- ▨ Unterstützung
- ▨ Personal
- ▨ Kommunikation
- ▨ Infrastruktur

Abb. 1: Anteil am Gesamtergebnis der Zertifizierung in Prozent [87]

Die Klassifizierung der Leistungszentren erfolgt in vier Bereiche. Die höchste Kategorie der Leistungszentren trägt drei Sterne, die schlechteste wird ohne Stern ausgezeichnet. Ab 65 % der zu erreichenden 5000 Punkten (3250 P) werden drei Sterne verliehen, zwei Sterne bereits ab 57,5 % (2875 P) und einen Stern erhält man ab 50 % (2500P).[88]

In der ersten Zertifizierungsphase (2007-2009) ergab sich somit folgende Einteilung:

	Bundesliga	2. BL / RL	Gesamt
3 Sterne	7	5	12
2 Sterne	6	2	8
1 Stern	4	1	5
kein Stern	2	12	14

Tab. 2: Verteilung der Sterne in der 1. Zertifizierungsphase[89]

Insgesamt haben 39 Clubs an der Zertifizierung teilgenommen. Die Verteilung der Sterne auf die Nachwuchsleistungszentren wird nicht veröffentlicht. Eine Rangliste der Nachwuchsleistungszentren wurde nicht erstellt. DFL-Geschäftsführer Holger

---

[87] Vgl. Foot PASS Deutschland (Hrsg.) (2009), S. 16
[88] Vgl. Foot PASS Deutschland (Hrsg.) (2009), S. 23
[89] Vgl. Foot PASS Deutschland (Hrsg.) (2009), S. 24

Hieronymus begründet dies dadurch, dass es nicht die Intension der Liga ist, einen Wettbewerb der Vereine untereinander zu forcieren.[90] Somit kennt jeder Verein nur sein eigenes Ergebnis. Dennoch hat die DFL ein geeignetes Leistungsanreizsystem für die Clubs geschaffen, welches ein gutes Abschneiden im Zertifizierungsprozess lukrativ macht und als Grundlage jeglicher institutioneller Handlung zu verstehen ist.[91] Die UEFA übermittelt der Liga jährlich Zuschüsse aus dem Champions-League-Solidaritätsfond.[92] Diese Gelder sollen der Nachwuchsarbeit der Vereine zukommen, die nicht in der Champions-League spielen. Diese Gelder, in der Saison 2009/2010 ca. 7,5 Millionen €, werden auf Grundlage der Zertifizierung verteilt. Vereine können über 300.000 € durch ein gut geführtes und effektives Leistungszentrum einnehmen. Das entspricht rund 10 % des durchschnittlich jährlich eingesetzten Aufwands der Lizenzvereine für ihre Nachwuchsabteilung.

---

[90] Vgl. DFL (2011), S. 29.

[91] Vgl. Madeja (2006), S. 19.

[92] Vgl. hier und im folgenden DFL (2011), S. 28.

4.   Das Nachwuchsleistungszentrum des 1.FC Nürnberg

In diesem Kapitel wird der 1.FC Nürnberg und sein Nachwuchsleistungszentrum thematisiert. Dabei wird auf den Aufbau, die Entwicklung und den Ist-Zustand des Nachwuchsbereichs eingegangen.

4.1   Der 1.FC Nürnberg e.V.[93]

Der 1.FC Nürnberg e.v., gegründet im Jahr 1900 ist das sportliche Aushänge- schild der Region Mittelfranken in Bayern. Mit neun deutschen Meisterschaften liegt der „Club", wie er von seinen Mitgliedern genannt wird, hinter dem Rivalen FC Bayern München auf Rang zwei dieser Rangliste. Aktuell hat der 1.FC Nürnberg rund 11.000 Mitglieder. Die Abteilung „Fußball" ist seit 1995 als „1.FC Nürnberg Verein für Leibesübungen e.v." eigenständig und untersteht dem Dachverband 1.FC Nürnberg e.v.. Als Verein definiert man im Sport eine auf „Dauer angelegte Verbindung von Personen zur Erreichung eines gemeinsamen Zwecks [...]"[94], wo- bei der 1.FC Nürnberg neben dem gemeinnützigen nicht-wirtschaftlichen Verein nach § 21 BGB auch einen wirtschaftlichen Geschäftsbetrieb als Nebenzweck durchführt.

4.2   Ist-Zustand vor der verpflichtenden Einführung von NLZ[95]

Eine professionell aufgestellte Jugendabteilung, wie man sie heute in Nürnberg antrifft, gab es vor der verpflichtenden Einführung von Nachwuchsleistungszentren nicht. Dennoch erkannte man im Jahr 2000 die Notwendigkeit, einen Jugendkoor- dinator hauptamtlich zu installieren. Grundvoraussetzung hierfür war das Anregen des damaligen Cheftrainers der Bundesligamannschaft, professionelle Züge auch in der Jugendarbeit einfließen zu lassen. Zu dieser Zeit waren die Jugendtrainer ausschließlich für ihre Mannschaft sowie die nächste Altersklasse zuständig und sichteten eigenständig. Konzeptionelle Zwänge, beispielsweise in der taktischen Ausrichtung gab es prinzipiell nicht. Die Nachwuchsförderung basierte auf dem

---

[93] Vgl. 1.FC Nürnberg (Hrsg.), online zu finden unter http://www.fcn.de/club/der-club/daten/ (Stand 06.01.2012).

[94] Vgl. Madeja (2009), S. 9.

[95] Informationen durch Gespräch mit Dieter Nüssing, Sportlicher Leiter NLZ 1.FC Nürnberg.

„Zufallsprinzip": eine konzeptionelle Förderung zum Sprung in den Profikader gab es nicht. Das Budget der damaligen „Jugend- und Amateurabteilung" liegt bei rund 10 % des aktuellen NLZ-Budgets.

4.3 Umsetzung der Vorschriften zur Erhaltung eines Leistungszentrums

Durch die verpflichtende Einführung der Nachwuchsleistungszentren als Lizenzierungsvorschrift wurde auch die Nachwuchsabteilung des 1.FC Nürnberg dazu gezwungen, professionelle Züge anzunehmen. Wie bereits erwähnt wurde im Jahr 2000 ein sportlicher Leiter installiert, die Trainer jedoch waren in Teilzeit beschäftigt. Durch Vorweisen eines Leiters erfüllte das NLZ bereits eine strukturelle Bedingung der Lizenzierung.[96] Somit mussten zwei weitere hauptamtliche Trainer neben den sportlichen Leiter beschäftigt werden. Auf Grund der guten infrastrukturellen Situation des Trainingsgeländes am Valznerweiher in Nürnberg waren hier kaum Investitionen erforderlich.

4.3.1 Infrastruktur

Die strukturellen Bedingungen im Bereich „Trainingsgelände" laut Ligastatut sieht für Nachwuchsleistungszentren der Kategorie 1, unter die der 1.FC Nürnberg durch die Zugehörigkeit zur 1.Bundesliga aktuell fällt, mindestens drei Rasenplätze mit Umkleidekabinen vor, wovon zwei Plätze mit Flutlicht ausgestattet sein müssen.[97] Dem NLZ stehen auf dem vereinseigenen Gelände am Valznerweiher acht Trainingsplätze (vier mit Flutlicht), darunter ein Kunstrasenplatz zur Verfügung. Desweiteren kann ein mobiler Technikparcours vorgewiesen werden sowie auch die Möglichkeit der Nutzung einer eigenen Halle in den Wintermonaten. Die im Anhang V der Lizenzierungsordnung genannten Bedingungen im Bereich der Infrastruktur werden weit übertroffen.

4.3.2 Sportliche Betreuung

Das NLZ beschäftigt aktuell sechs hauptamtliche Trainer und einen hauptamtlichen Torwarttrainer. Gefordert sind in dieser Kategorie nach DFL-Lizenzierung

---

[96] Vgl. DFB-Statuten: 15. Ligaverband: Ligastatut (2011), Anhang V.

[97] Vgl. DFB-Statuten: 15. Ligaverband: Ligastatut (2011), Anhang V a).

drei Trainer sowie ein Torwarttrainer in Teilzeit. Desweiteren stehen dem 1.FC Nürnberg acht Teilzeitkräfte im Trainerstab zur Verfügung. Ergänzend hierzu weisen die beiden offiziellen Leiter des Nachwuchsleistungszentrums ebenfalls hochranginge Trainerlizenzen vor.

4.3.3 ärztlicher und physiotherapeutischer Bereich

Die medizinische und physiotherapeutische Versorgung der Spieler des Nachwuchsleistungszentrums wird durch die räumliche unmittelbare Nähe zu den Einrichtungen des Lizenzspielerkaders begünstigt. Dem NLZ steht ein Arztraum zur Verfügung. Sauna und Ermüdungsbecken befinden sich im direkt neben dem Trainingsgelände liegenden „Hilton Hotel Nürnberg".

4.3.4 ärztliche und physiotherapeutische Betreuung[98]

Das Nachwuchsleistungszentrum erfüllt auch in diesem Bereich alle Kriterien der Lizenzierung durch die Festanstellung eines Arztes, mit dem eine strategische Partnerschaft eingegangen wurde, sowie drei Physiotherapeuten und einem Reha-/Koordinationstrainer. In diesem Bereich liegt das NLZ insgesamt weit über den Soll-Vorschriften der DFL.

4.3.5 außersportliche Betreuung[99]

Das Internat des 1.FC Nürnberg liegt rund zwei Kilometer vom Trainingsgelände entfernt und bietet 20 Jugendspielern Unterkunft. Weitere Unterkunftsplätze stehen in Gastfamilien zur Verfügung. In dem sich aktuell in der Bauphase befindende Funktionsgebäude des 1.FC Nürnberg werden in Zukunft weitere 15 Plätze entstehen. Insgesamt stehen vier außersportliche Betreuer den Spielern zur Verfügung.

4.3.6 Schule und Club

Das Nachwuchsleistungszentrum des 1.FC Nürnberg kooperiert mit der Bertolt-Brecht-Schule, die seit 2008 mit dem Qualitätssigel „Eliteschule des Fußballs"

---

[98] Vgl. DFB-Statuten: 15. Ligaverband: Ligastatut (2011), Anhang V c).

[99] Vgl. DFB-Statuten: 15. Ligaverband: Ligastatut (2011), Anhang V f).

ausgezeichnet ist.[100] Die Schüler erhalten neben dem regelmäßigen Vereinstraining eine spezifische Förderung sportlicher Art durch zusätzliche in den schulalltag integrierte Trainingseinheiten sowie pädagogischer Art durch Förderunterricht und Hausaufgabenbetreuung. Diese Struktur ermöglicht es Talenten regelmäßig an Lehrgängen des DFB und BFV teilzunehmen, da hier eine enge Verbindung und Kooperation zwischen Verein, Verband und Schule durchgeführt wird.

4.3.7 Bewertung der Umsetzung

Abschließend ist festzuhalten, dass der 1. FC Nürnberg mit seinen Vorkehrungen die von der DFL geforderten Bedingungen zur Erhaltung eines Nachwuchsleistungszentrums erfüllt und übertrifft. Der Anspruch der Jugendarbeit des „FCN" geht über die institutionellen Anforderungen hinaus.[101] Besonders im personellen Bereich ist dies bemerkbar, denn anstelle der drei durch Anhang V der Lizenzierungsordnung geforderten hauptamtlichen Trainer beschäftigt der „Club" sieben, dazu kommen drei weitere Arbeitskräfte in der Verwaltung.

4.4   Das Nachwuchsleistungszentrum aktuell

4.4.1 Struktur des Nachwuchsleistungszentrums des 1.FC Nürnberg

Das Nachwuchsleistungszentrum des 1.FC Nürnberg wird komplett durch die Lizenzabteilung finanziert. Es steht unter der kaufmännischen Leitung von Herrn Rainer Zietsch, während Herr Dieter Nüssing sich für den sportlichen Bereich verantwortlich zeichnet. Grundgedanke des NLZ ist es, als Dienstleiter der Lizenzabteilung zu fungieren. Der klare Auftrag lautet dabei, möglichst viele hoch qualifizierte Nachwuchswuchsspieler eines Jahrgangs für den Profibereich auszubilden.

Die Führung des NLZ untersteht direkt dem Vorstand Sport des 1.FC Nürnberg, der gemeinsam mit dem Vorstand für Finanzen und Verwaltung die Vereinsspitze bildet. In der hierarchischen Darstellung folgen unter dem Leiter des NLZ die sportliche sowie organisatorische Leitung. Die Ausbildung der Spieler unterteilt sich in die Bereiche Leistung, Aufbau und Grundlagen. Sie orientiert sich dabei an der von der DFL herausgegeben Struktur für Nachwuchsleistungszentren.

---

[100] Vgl.1.FC Nürnberg (Hrsg.), online zu finden unter http://www.fcn.de/junioren/nachwuchs-leistungs-zentrum-nlz/bertolt-brecht-schule/ (Stand 06.01.2012).

[101] Vgl. Bellon u.a. (2005), S. 271.

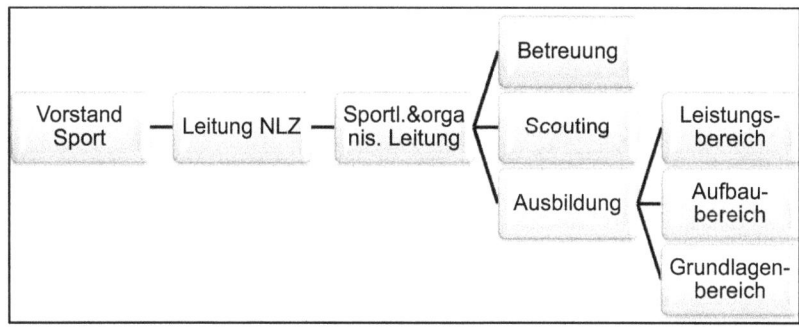

Abb. 2: Organigramm Nachwuchsleistungszentrum[102]

Für jeden dieser Bereiche steht ein Koordinator zur Verfügung, der das operative Geschäft und die Tätigkeit der Trainer in diesem Bereich überwacht. Im Leistungs- und Aufbaubereich sind aktuell sieben Trainer in Vollzeit sowie sechs Übungsleiter in Teilzeit beschäftigt. Hinzu kommen drei festangestellte Physiotherapeuten und eine strategische Kooperation mit einem ortsansässigen Arzt.

Die Mannschaften des Leistungszentrums im Leistungsbereich mit den dazugehörigen Spielklassen teilen sich wie folgt auf:[103]

> ➢ U23:   Regionalliga Süd
> ➢ U19:   Bundesliga Süd/Südwest
> ➢ U17:   Bundesliga Süd/Südwest
> ➢ U16:   Bayernliga

Dadurch erfüllt das NLZ des 1.FC Nürnberg die Anforderungen der DFL, in jeder Altersklasse des Leistungsbereichs maximal eine Mannschaft zu stellen. In der U19 (seit der Saison 2009/2010) sowie U17 (seit der Gründung 2007/2008) spielt man aktuell in der höchsten Spielklasse, der Junioren-Bundesliga. Für die U23 wäre maximal ein Aufstieg in die 3.Liga des DFB möglich. Die U16 kann auf Grund der Zugehörigkeit der U17 zur Bundesliga nicht weiter aufsteigen.

Im Aufbaubereich stellt der 1.FC Nürnberg ebenfalls in jeder Altersklasse eine Mannschaft:

> ➢ U15:   Regionalliga Süd/Südwest
> ➢ U14:   Bayernliga Nord
> ➢ U13/U12: Bezirksoberliga Mittelfranken

---

[102] Eigene Abbildung nach 1.FC Nürnberg (Hrsg.), online zu finden unter
http://www.fcn.de/fileadmin/fcn/red/saison_10/downloads/pdf/Junioren/OrganigrammNLZ.pdf (Stand 06.01.2012).
[103] Vgl. hier und im Folgenden 1.FC Nürnberg (Hrsg.), online zu finden unter
http://www.fcn.de/junioren/startseite/ (Stand 06.01.2012).

Die U13 und U12 nehmen abwechselnd am Spielbetrieb in der D-Junioren Be-
zirksoberliga Mittelfranken teil. An spielfreien Wochenenden messen sich die
Mannschaften mit ebenfalls leistungsorientierten Vereinen. Die U15 spielt seit der
Gründung der Regionalliga in dieser Altersklasse in eben jener Liga. Eine Etage
darunter befindet sich die U14 in der Bayernliga Nord.

4.4.2 Konzeption des Nachwuchsleistungszentrums

Wie durch die Lizenzierungsordnung gefordert, hat das NLZ des 1.FC Nürnberg
ein Jugendförderprogramm ausgearbeitet, an dem sich das operative und strategische Geschäft der Talentförderung orientiert. Das Ziel, welches das NLZ in seiner Tätigkeit verfolgt, ist das „Heranführen der Top-Talente an den Lizenzkader"[104].
Realistische Zielfestlegungen sind nach Madeja im Allgemeinen die Grundlage
aller betriebswirtschaftlichen Handlungen.[105] Die Erfüllung dieses Ziels unterliegt
notwendigen Funktionen, die von der NLZ-Führung festgelegt werden müssen.[106]
Der „Club" möchte auf „Eigengewächse" setzen. Diese haben gegenüber auswär-
tigen Spielern den Vorteil, dass sich die Fans mit diesen Spielern weitaus besser
identifizieren können als mit externen Zugängen.[107] Um die Jugendspieler bereits
frühzeitig an diese starke emotionale Bindung der Fans zu diesem traditionsrei-
chen Verein zu gewöhnen, ist der Leitsatz „Wir sind der Club" auch der Hand-
lungsgrundsatz im Nachwuchsleistungszentrum. Der soziale Anreiz für die Spieler,
die Integration in die „Clubfamilie", soll als Ehre verstanden werden. Gemeinsam
mit dem karrierespezifischen Anreiz, einer realistischen Möglichkeit zur Übernahme in den Lizenzkader durch die Ausbildung im NLZ, soll die sportliche Leistung
maximiert werden.

Das NLZ verfolgt in den Altersklassen nicht das Ziel, den besten Tabellenplatz zu
erreichen, sondern legt das Hauptaugenmerk auf die individuelle Förderung der
Top-Talente. Die persönliche Ausbildung steht vor dem kollektiven Erfolg. Dieses
Vorgehen ist im Profisport unüblich, soll doch in der Regel der größtmögliche
sportliche Erfolg mit gegebenen Mitteln erreicht werden. Der Erfolg der Mann-

---

[104] 1.FC Nürnberg (Hrsg.), online zu finden unter
http://www.fcn.de/junioren/nachwuchs-leistungs-zentrum-nlz/missionvision/ (Stand 06.01.2012).
[105] Vgl. Madeja (2006), S. 129.
[106] Vgl. Madeja (2009), S. 57.
[107] Vgl. hier und im Folgenden 1.FC Nürnberg (Hrsg.), online zu finden unter http://www.fcn.de/junioren/nachwuchs-leistungs-zentrum- nlz/missionvision/ (Stand 06.01.2012).

schaften des Nachwuchsleistungszentrums definiert sich allerdings nicht über die tabellarische Positionierung, sondern über den letztendlichen „Output" jeder Altersstufe. Das NLZ folgt somit einer perspektivischen Konzeption der Ausbildung, die nicht dem sportlichen Erfolg unterliegt und deshalb langfristig angelegt werden kann. Da das primäre Ziel darin besteht, Spieler aus der Region so früh wie möglich auszubilden, werden insbesondere in den unteren Altersklassen viele Neuzugänge aufgenommen. Im Zuge dieser Konzeption sollen im Leistungsbereich nur noch punktuelle Verstärkungen pyramidenförmig erfolgen, denn die vereinseigene Spielphilosophie soll von Grund auf erlernt werden.

4.4.3 Profis aus dem Nachwuchsleistungszentrum

4.4.3.1 ehemalige Spieler

Seit jeher kann der 1.FC Nürnberg auf eine erfolgreiche Jugendarbeit zurückblicken. Zu Zeiten, als von Nachwuchsleistungszentren noch keine Rede war, konnten Spieler wie Stefan Reuter, der mit 502 Einsätzen in der Bundesliga der Rekordhalter jener Spieler ist, die in der Jugend für den 1.FC Nürnberg gespielt haben, oder Thomas Brunner den Sprung in das Profigeschäft realisieren.[108] Die Anfänge des Nachwuchsleistungszentrums konnten dann Andreas Wolf, der danach langjähriger Kapitän der Bundesligamannschaft war, sowie Stefan Kießling, der mit einer Ablösesumme von 6,5 Millionen Euro zur Saison 2006/2007 der bisher teuerste Export des Nachwuchsleistungszentrums ist, miterleben. Von den 275 Bundesligaprofis der Saison 2010/2011, die in Leistungszentren ausgebildet wurden, entstammen zehn Spieler dem NLZ des 1.FC Nürnberg.[109] Ausschließlich Cacau (VfB Stuttgart) und Stefan Kießling (Bayer 04 Leverkusen) spielen nicht mehr bei ihrem Ausbildungsverein. Demnach ist festzuhalten, dass das NLZ des 1.FC Nürnberg bisher größtenteils als Ausbildungsstätte für den eigenen Profikader zur Verfügung steht und nur in Ausnahmefällen für andere Vereine als Dienstleister fungiert.

---

[108] Transfermarkt GmbH & Co. KG, online zu finden unter
   http://www.transfermarkt.de/de/1-fc-nuernberg/jugendarbeit/verein_4.html, (Stand 06.01.2012).
[109] Vgl. hier und im Folgenden DFB (Hrsg.) (2011), S. 42 f.

4.4.3.2 des aktuellen Lizenzkaders

Letztendlich trägt die Arbeit des Nachwuchsleistungszentrums dann Früchte, wenn es gelingt, als Ausbildungsverein anerkannt zu werden und möglichst vielen Talenten der Sprung in den Profifußball ermöglicht wird. Beim 1.FC Nürnberg muss jedoch in diesem Fall differenziert werden. Primär liegt das Hauptaugenmerk darauf, „Eigengewächse"[110] aus den U-Mannschaften über einen langen Zeitraum auszubilden und für die Bundesliga adäquat vorzubereiten. Darunter fallen aktuell die als „vom Verein ausgebildete Local Player" bezeichneten Akteure Alexander Stephan, Markus Mendler, Julian Wießmeier und Marvin Plattenhardt. Im bundesligaweiten Vergleich in diesem Bereich liegt man in der unteren Tabellenhälfte.[111] Allerdings hat das NLZ in den letzten Jahren weiteren maßgeblichen Anteil an Spielern im Profikader hinzugewonnen. Spieler, die durch Scouts des NLZ gesichtet und für die U23 primär verpflichtet wurden, konnten sich langfristig in der Bundesliga etablieren. Darunter fallen mittlerweile Profis wie Chandler, Wollscheid, Maroh oder Franz. Somit haben rund 40 % der Spieler des aktuellen Profikaders eine Vergangenheit im NLZ.

---

[110] 1.FC Nürnberg (Hrsg.), online zu finden unter
http://www.fcn.de/junioren/nachwuchs-leistungs-zentrum-nlz/missionvision/ (Stand 06.01.2012).
[111] Vgl. Abbildung 1 Local-Player in der 1.Bundesliga mit Daten aus Kicker-Sonderheft 2011/2012.

5. Analyse des Nachwuchsleistungszentrums des 1.FC Nürnberg

Das vorliegende Kapitel bildet den Kern der wissenschaftlichen Arbeit. Gemeinsam mit dem 1.FC Nürnberg wurde eine Analyse des Nachwuchsleistungszentrums durchgeführt. Dadurch soll die Arbeit der letzten zehn Jahre dort evaluiert werden können.

5.1 Vereinszugehörigkeit der Jugendspieler des 1.FC Nürnberg

5.1.1 Einführung

Wie das NLZ in seiner Mission selbst beschreibt, lautet das oberste Ziel des Dienstleisters der Lizenzabteilung, Top-Talente an eben jenen heranzuführen.[112] Gegenstand dieses Auftrags sollen insbesondere regionale Talente sein, die so früh wie möglich in ihrer Entwicklungsphase zum 1.FC Nürnberg transferiert werden. Durch die verpflichtende Einführung von Nachwuchsleistungszentren wird nun auch schon im Grundlagen- (U7-U11) und Aufbaubereich (U12-U15) unter erhöhtem finanziellem, personellem und organisatorischem Aufwand die optimale Talentförderung vollzogen. Hier möchte der Verein in der sportlichen Leistungsentwicklung sowie charakterlichen Schulung der Spieler diese Bereiche selbst in die Hand nehmen und nicht anderen Vereinen überlassen.

Zehn Jahre nach der verpflichtenden Einführung von Nachwuchsleistungszentren stellt sich nun die Frage, ob der 1.FC Nürnberg durch die Umstrukturierung des NLZ die Wahrscheinlichkeit, dass talentierte Spieler aus der Region für den Leistungsbereich übernommen werden, erhöht hat. Zur Klärung dieser Frage wurden in einer Projektarbeit die Kaderlisten der Saison 2002/2003 sowie der aktuellen Spielrunde 2011/2012 gegenübergestellt und analysiert. Um die Entwicklung über die Jahre hinweg verfolgen zu können, wurden ebenfalls weitere zufällig ausgewählte Spielzeiten in die Analyse integriert.

---

[112] Vgl. 1.FC Nürnberg (Hrsg.), online zu finden unter
http://www.fcn.de/junioren/nachwuchs-leistungs-zentrum-nlz/missionvision/ (Stand 06.01.2012).

5.1.2 Ablauf der Analyse

Durch die Kaderlisten wurde die Zugehörigkeit der Jugendspieler zum 1.FC Nürnberg berechnet. Neuzugänge in der Bezugssaison erhielten den Wert „1". Spieler, die zur Saison 2010/2011 gewechselt sind, haben in der Statistik 2011/2012 den Wert „2". Ausgesprochen bedeutet das, dass diese Spieler sich aktuell in ihrer zweiten Spielzeit für den 1.FC Nürnberg befinden. Die weiteren Jahre sind analog hierzu ausgearbeitet. Daraus ergibt sich abschließend für jede Altersklasse eine durchschnittliche Vereinszugehörigkeit der Spieler, die als Vergleichsinstrument mit anderen Altersklassen bzw. Saisons dient.

Diese Analyse wurde ergänzt um den „Gini-Koeffizient", einem relativen Konzentrationsmaß aus der Statistik.[113] Ursprünglich wurde der Gini-Koeffizient zur Messung der Einkommensverteilung einer Gesellschaft konzipiert. Bei einer völligen Gleichverteilung nimmt der Gini-Koeffizient den Wert „Null" an. Dies tritt in dieser Analyse genau dann ein, wenn alle Spieler einer Mannschaft zur selben Saison ihre Spielberechtigung erhalten haben und jeder den gleichen Anteil an der gesamten Vereinszugehörigkeit der Altersklasse hat. Eine völlige Ungleichverteilung mit dem Wert „1" ist in der vorliegenden Analyse nicht möglich, da jeder Spieler einen Anteil am Gesamtergebnis vorweisen kann.

5.1.3 Analyse im Leistungsbereich

5.1.3.1 U23

Die U23 ist die höchste Altersstufe des Nachwuchsleistungszentrums und fungiert als Unterbau der Profis. Die Vernetzung zwischen dem Lizenzkader und der zweiten Mannschaft ist sehr engmaschig, da Spieler aus der 1. Mannschaft häufig nach Verletzungspausen in der „Zweiten" Spielpraxis sammeln sollen. Somit sieht sich der Trainerstab der U23, die aktuell in der Regionalliga Süd spielt, ständig neuen kadertechnischen Voraussetzungen gegenüber. Der Anspruch des NLZ muss es sein, in dieser Altersklasse Spieler einzusetzen, die über Jahre hinweg die Ausbildung beim 1.FC Nürnberg genossen haben und diesen Kader nur punktuell mit externen Neuverpflichtungen zu ergänzen.

---

[113] Vgl. hier und im Folgenden Drewes (2001), S. 104 ff.

Die Analyse in diesem Bereich ergibt, dass in der Tat die durchschnittliche Verweildauer der Spieler seit Bestehen des NLZ angestiegen ist und somit das For-
malziel einer langfristigen Talentförderung, die letztendlich in der U23 ihren Abschluss findet, erreicht wird. Aktuell sind die Spieler der U23 in ihrer 4,45ten Spielzeit beim 1.FC Nürnberg. Dieser Wert liegt um ein Jahr höher als der Vergleichs-
punkt zur Saison 2002/2003. Allerdings ist neben der durchschnittlichen Vereinszugehörigkeit auch der Gini-Koeffizient erheblich angestiegen. Dies sagt aus, dass
die Vereinszugehörigkeit zwar steigt, sich aber auf einige Spieler konzentriert, die
sehr lange beim 1.FC Nürnberg aktiv sind. Diese Konzentration zeigt sich auch
daran, dass in dieser Altersklasse immer mehr externe Neuzugänge den Kader
verstärken und somit eine noch höhere durchschnittliche Vereinszugehörigkeit der
Mannschaft verhindern. Vereinstreue Spieler haben den größten Anteil am Gesamtergebnis.

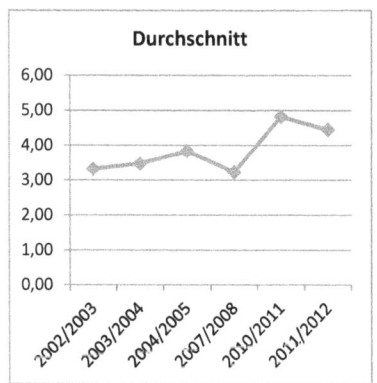

Abb. 3: Durchschnitt der U23   *Abb. 4: Gini-Koeffizient der U23*

Betrachtet man nun die Statistik aus *Tabelle 3*, in welchen Bereichen die Spieler
der U23 zum FCN gekommen sind, setzt sich diese bereits formulierte Erkenntnis
fort:

		2002/2003	2004/2005	2007/2008	2011/2012
U23	Leistung	87%	81%	83%	65%
	Aufbau	13%	9%	5%	25%
	Grundlagen	0%	10%	12%	10%

Tab. 3: Aufteilung U23 nach Bereichen in %

Aktuell sind 65 % des Kaders erst im Leistungsbereich zum 1.FC Nürnberg gesto-
ßen (2002/2003: 87%). Daraus ergibt sich, dass die restlichen 35 % mindestens
den kompletten Leistungsbereich von der U16 bis zur U19 sowie die U15 durch-

laufen haben und dort Erfahrungen mit dem Ausbildungsweg des NLZ gemacht haben. Darunter können immerhin 10 % des aktuellen Kaders vorweisen, dass sie bereits im Grundlagenbereich zum 1.FC Nürnberg gekommen sind und somit die komplette Jugendförderung durchlaufen haben.

Konzeptionell hat sich diese Altersklasse dahingehend verändert, dass Spieler nun in größerer Häufigkeit in ihrem letzten U19-Jahr in den Kader der U23 befördert werden. Dies ergibt eine intensivere Förderung und es wird versucht, Spieler frühzeitig an das körperbetontere Spiel im Seniorenbereich zu gewöhnen.

5.1.3.2   U19

Betrachtet man die Analyse im U19-Bereich, in der zur Leistungskonzentration zwei Jahrgänge zusammengefasst werden, ergibt sich ein anderes Bild als in der U23: die durchschnittliche Vereinszugehörigkeit ist bis auf einen Ausreißer in der Saison 2007/2008 (da keine externen Neuzugänge verpflichtet wurden) rückläufig und liegt unter dem Wert von 2002/2003. Dabei ist dieses Ergebnis einer Neukonzipierung des Nachwuchsleistungszentrums im Leistungsbereich geschuldet. Die Top-Talente werden mittlerweile, wie bereits erwähnt, frühzeitiger (häufig im letzten U19-Jahr) in den Seniorenbereich hochgezogen. Im Umkehrschluss wird die U19 dadurch in ihrer Zusammensetzung jünger, da weniger Spieler des älteren Jahrgangs zur Verfügung stehen. Dies bewirkt wiederum den Rückgang der durchschnittlichen Vereinszugehörigkeit. Gescheitert ist auf Grund dieser Tatsache allerdings nicht das Bestreben, mehr Spieler aus dem Aufbau- und Grundlagenbereich in der U19 zu haben, wie die vorliegende *Tabelle 4* beweist:

U19		2002/2003	2004/2005	2007/2008	2011/2012
	Leistung	65%	52%	41%	55%
	Aufbau	15%	43%	40%	35%
	Grundlagen	20%	5%	19%	10%

Tab. 4: Aufteilung U19 nach Bereichen in %

Mittlerweile hat sich die Verteilung in der U19 so eingependelt, dass 50% des Kaders im Aufbau- und Grundlagenbereich zum 1.FC Nürnberg gekommen sind. Verglichen mit der Saison 2004/2005, als ein ähnliches Ergebnis wie zur Saison 2011/2012 erreicht wurde, ist die Verweildauer angestiegen, obwohl mehr Neuzugänge verpflichtet wurden. Dadurch zeigt sich, dass eine größere Anzahl an Spielern nun eine längerfristige Förderung beim 1.FC Nürnberg genossen hat.

5.1.3.3   U17

Die U17-Altersstufe des 1.FC Nürnberg ist ein Paradebeispiel für eine erfolgreiche neue Konzeption der Nachwuchsförderung in den letzten zehn Jahren. Die durchschnittliche Vereinszugehörigkeit ist nahezu kontinuierlich gestiegen und liegt mit einem Wert von 4,26 sogar über dem der U19. In dieser Altersklasse sollten in der Theorie die Top-Talente bereits verpflichtet worden sein. Dies wird durch die mittlerweile geringe Anzahl an externen Verpflichtungen (2011/2012: 2) bestätigt. Dabei sinkt der Gini-Koeffizient in den letzten Jahren und zeigt somit, dass die Vereinszugehörigkeit ausgeglichen hoch innerhalb der Mannschaft ist. Eine Konzentration der gesamten Mannschaftsverweildauer auf einige Spieler liegt nicht vor.

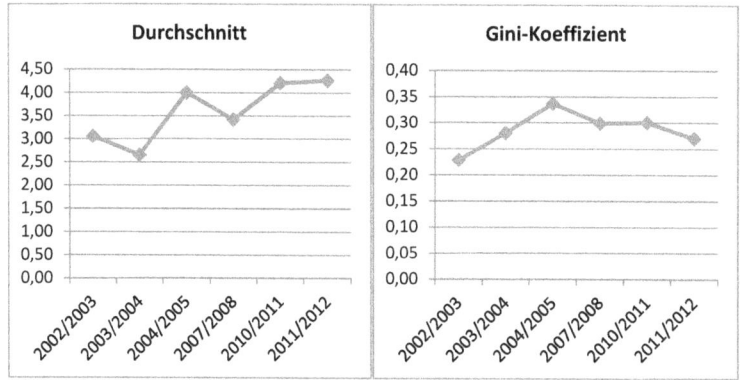

Abb. 5: Durchschnitt und Gini-Koeffizient der U17

Erfreulich ist desweiteren, dass nur jeder dritte Spieler im Leistungsbereich verpflichtet wurde und somit als Neuzugang bzw. Spieler in der zweiten Saison zu betrachten ist. 70 % der Spieler befinden sich mindestens in ihrer dritten Spielzeit und 20 % des Kaders können vorweisen, bereits im Grundlagenbereich das „FCN-Trikot" getragen zu haben. Das größte Cluster (25 % des Kaders) wurde in der U15 verpflichtet.

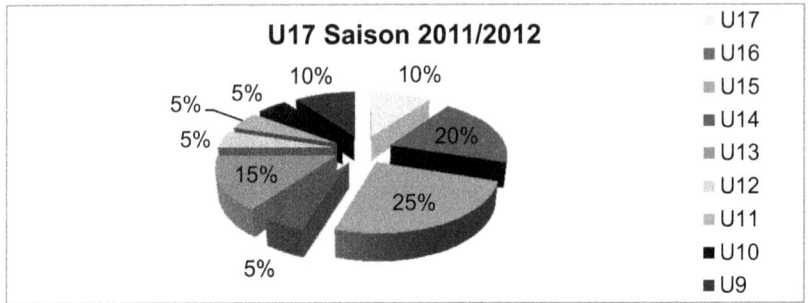

Abb. 6: Analyse der Vereinszugehörigkeit der U17 nach Bereichen

5.1.3.4   U16

Der U16 als jüngste Altersklasse des Leistungsbereichs wird im Nachwuchsleistungszentrum eine Schlüsselrolle zu Teil. Konstant viele Neuzugänge (6-9) verstärken den Kader, um eine spielstarke Mannschaft vorweisen zu können. In der
Planung soll bis einschließlich zur U16 die Kaderplanung soweit abgeschlossen
sein, dass in den darauffolgenden Altersklassen nur noch punktuelle Verstärkungen erfolgen müssen. Die durchschnittliche Vereinszugehörigkeit ist bis zur Saison
2007/2008 angestiegen, zur Saison 2010/2011 stagniert und zur aktuellen Saison
2011/2012 deutlich gesunken.

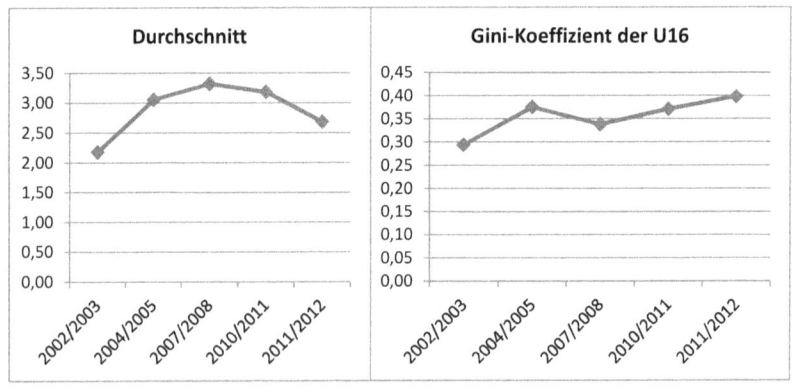

Abb. 7: Durchschnitt und Gini-Koeffizient der U10

Wie der Gini-Koeffizient in *Abbildung 8* zeigt, ist die Konzentration der Vereinszugehörigkeit innerhalb der Mannschaft unausgeglichener, als in den vorangegangenen betrachteten Spielzeiten. Daraus lässt sich schließen, dass viele Neuzugänge in der U15 und U16 nur geringen Anteil am Gesamtergebnis der Verweil-

dauer haben. Interessant ist dabei die Feststellung, dass von den zehn Neuverpflichtungen für den Jahrgang 1996, der die aktuelle U16 stellt, nur noch vier Spieler für den 1.FC Nürnberg aktiv sind. Offensichtlich ergibt sich an der Nahtstelle
zwischen Aufbau- und Leistungsbereich Verbesserungspotenzial im Scouting und
der konzeptionellen Abstimmung.

5.1.3.5   Gesamtbetrachtung Leistungsbereich

Der Leistungsbereich hat den Auftrag, Spieler kontinuierlich für die Anforderungen
in der Profi- bzw. U23-Mannschaft heranzuführen. Dieses Ziel soll durch eine vereinsbezogene Ausbildung der Spieler erreicht werden. Eine hohe Anzahl an externen Neuverpflichtungen, an deren Entwicklung man nicht beteiligt war, ist nicht
wünschenswert für die Arbeit des Nachwuchsleistungszentrums. Die Spieler im
Leistungsbereich sollen wissen, was den 1.FC Nürnberg als Verein ausmacht: die
Tradition, die Verpflichtung gegenüber den Fans, die „Wir sind der Club"-
Mentalität.[114]

Zusammenfassend kann gesagt werden, dass das Nachwuchsleistungszentrum
diesen Auftrag im Leistungsbereich erfüllt. Der prozentuale Anteil der Spieler der
Mannschaften, die erst in eben diesem Bereich verpflichtet wurden, ist gegenüber
der Saison 2002/2003 bis auf die U16 gesunken. Erfreulicherweise schaffen trotz
der intensivierten Bemühungen im Scouting, v.a. im Aufbaubereich, konstant Spieler den Sprung aus dem Grundlagen- in den Leistungsbereich. Durch die ausge-
dehnte überregionale Sichtung von Top-Talenten, die zur U15 bzw. U16 verpflichtet und im Internat untergebracht werden, wird die Konkurrenz für die „Eigengewächse" selbstverständlich größer, doch gut ausgebildete Talente machen trotz
allem ihren Weg und setzen sich durch. Allerdings ist auffällig, dass im Bereich der
U16 ein deutlich schlechteres Ergebnis erzielt wird und hier die Abstimmung zwischen Aufbau- und Leistungsbereich im Scouting verbessert werden sollte.

---

[114] Vgl. 1.FC Nürnberg (Hrsg.), online zu finden unter
http://www.fcn.de/junioren/nachwuchs-leistungs-zentrum-nlz/missionvision/ (Stand 06.01.2012)

5.1.4 Analyse im Aufbaubereich

5.1.4.1 U15

Die U15 spielt seit der Spielklassenreform 2010/2011 in dieser Altersstufe in der höchsten Liga, der Regionalliga. Im Vergleich mit der vorangegangenen Spielklasse, der Bayernliga, erfahren die Talente hier nun einen gestiegenen Aufwand im Bereich der Förderung und aus Spielersicht der zeitlichen Inanspruchnahme, da man sich jetzt regelmäßig mit anderen Bundesliganachwuchsleistungszentren im Ligaalltag messen muss. Auf Grund dieser vom Verband vorgegebenen Strukturierung des Ligensystems mussten die Vereine hier ihr Konzept umstellen und gerade dieser Altersklasse einen höheren Stellenwert zusprechen. Doch bereits Mitte der 2000er, als die Regionalliga noch nicht existierte, hat das NLZ des 1.FC Nürnberg mit über 10 Neuzugängen (Saison 2007/2008: 12) gezeigt, dass man die Wichtigkeit dieser Altersgruppe früh erkannt hat und hier intensiv in die Entwicklung der Mannschaftsstärke durch externe Verpflichtungen eingegriffen hat.

		2002/2003	2004/2005	2007/2008	2011/2012
U15	Aufbau	74%	77%	95%	80%
	Grundlagen	26%	23%	5%	20%

Tab. 5: Aufteilung U15 nach Bereichen

Wie *Tabelle 5* zeigt, hat sich der Zeitpunkt, zu dem die Spieler zum 1.FC Nürnberg kommen dahingehend verändert, dass mehr Spieler erst im Aufbaubereich verpflichtet werden. Der Modus in der U15, somit der Wert, der die größte Häufigkeit vorweist,[115] liegt konstant bei einem Jahr und zeigt eindeutig, dass das größte Cluster in der Mannschaftszusammensetzung die Neuzugänge darstellen. Das Umdenken in diesem Bereich bezogen auf die intensivierte Talentförderung seit Arbeitsaufnahme des Nachwuchsleistungszentrums macht sich ebenfalls in der durchschnittlichen Vereinszugehörigkeit bemerkbar.

Bis zur Saison 2007/2008 ist dieser Wert gesunken, danach steigt er jedoch wieder leicht an und liegt aktuell um knapp ein Jahr unter dem Bezugswert von 2002/2003. Der Anstieg seit 2007/2008 beruht auf der sinkenden Anzahl an Neuzugängen und somit der Konzipierung der Talentförderung, die nun nicht erst in der U15 forciert wird, sondern bereits in unteren Altersklassen beginnt.

---

[115] Vgl. Leiner (1992), S. 33.

Saison	Durchschnitt	Gini	Neuzugänge
2002/2003	3,47	0,28	4
2004/2005	2,72	0,36	8
2007/2008	1,75	0,25	12
2010/2011	2,30	0,32	10
2011/2012	2,60	0,30	7

Tab. 6: U15-Analyse

Insbesondere die Phase der U15 und U16 kann im Nachwuchsleistungszentrum anhand der Analyse als „Scheideweg" bezeichnet werden. Die durchschnittliche Vereinszugehörigkeit ist hier am niedrigsten, sogar noch geringer als bei der U12. Dort müsste theoretisch der niedrigste Wert auf Grund des Alters der Spieler auftreten. Unterstützt wird dies durch die enorme Anzahl von Neuzugängen, denn knapp die Hälfte der Spieler des Kaders wechselt erst in dieser Altersklasse zum Verein.

5.1.4.2 U14

In der U14 zeichnet sich ein ähnliches Bild wie bereits in der U15 ab, denn die durchschnittliche Vereinszugehörigkeit liegt ebenfalls unter dem Wert von 2002/2003. Dieser wurde dort allerdings durch eine sehr geringe Anzahl von Neuzugängen begünstigt. Festzuhalten ist, dass zum Bereich der Neuverpflichtungen rund ein Drittel des Kaders zu rechnen ist. Dieser Wert ist zur Saison 2010/2011 nochmals durch den Aufstieg der U14 in die Bayernliga leicht angestiegen. Somit sind gestiegene Kaderanforderungen im Vergleich zur vorangegangenen Bezirksoberliga-Spielzeit anzutreffen. Exakt 50 % des Kaders spielen maximal ihre zweite Saison, in der Saison 2002/2003 waren dies noch 43 %. Erfreulich ist allerdings, dass 40% des Kaders aus dem Grundlagenbereich stammen, dies ist der höchste Wert in der Statistik und spricht dafür, dass das Gros der Spieler bereits eine langfristig angelegte Förderung erhalten hat.

U14		2002/2003	2004/2005	2007/2008	2011/2012
	Aufbau	68%	88%	74%	60%
	Grundlagen	32%	12%	26%	40%

Tab. 7: Aufteilung U14 nach Bereichen

Hier ist also, wie *Tabelle 7* zeigt, eine erfolgreiche Arbeit dem Nachwuchsleistungszentrum zu attestieren, denn 40% der Spieler, die nun in der Bayernliga aktiv sind, stammen aus dem eigenen Grundlagenbereich. Allerdings reißt dieser hohe prozentuale Anteil am Kader beim Übergang zur U15 ein. Hier müssen sich die

Verantwortlichen des Nachwuchsleistungszentrum die Frage stellen, ob die Spieler, die durch die Ausbildung beim „1.FCN" sicherlich Talenten aus kleineren Vereinen zu diesem Zeitpunkt gegenüber im Vorteil sind, langfristig die Klasse haben, in der Jugendabteilung des 1.FC Nürnberg eine wichtige Rolle einzunehmen.

5.1.4.3   U13

Die durchschnittliche Vereinszugehörigkeit in der U13 liegt zwar aktuell (2,95) noch unter dem Wert von 2002/2003 (3,13), jedoch ist eine positive Veränderung über die Jahre attestierbar. Seit der Saison 2004/2005 steigt dieser Wert kontinuierlich an, einzig der sehr hohe Wert der Bezugssaison 2002/2003 hindert daran, ein durchwegs positives Fazit zu ziehen.

Saison	Durchschnitt	Gini	Neuzugänge
2002/2003	**3,13**	*0,23*	*1*
2004/2005	*1,63*	0,26	**13**
2007/2008	2,55	**0,30**	7
2010/2011	2,75	0,25	6
2011/2012	2,95	0,27	5

Tab. 8: U13-Analyse

Eindeutig ist die zurückgehende Anzahl der Neuverpflichtungen in der U13. Rund 25% des Kaders steht dem 1.FC Nürnberg bereits seit der U9 zur Verfügung, die Aufteilung auf Grundlagenbereich und Aufbaubereich liegt bei 47%:53%. Hieraus wird ersichtlich, dass in den zwei Jahren Aufbaubereich 53% des Kaders ausgetauscht wurden. Die Arbeit aus bis zu fünf Jahren Grundlagenbereich ab der U7 ist nur noch zu 47% beim 1.FC Nürnberg aktiv.

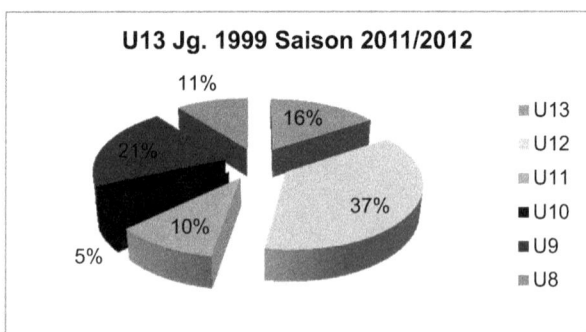

Abb. 8: Analyse der Vereinszugehörigkeit der U13 nach Bereichen

5.1.4.4   U12

Die eigentliche Arbeit des Nachwuchsleistungszentrums beginnt durch die Regularien der DFL in der U12. Grundsätzlich ist eine höhere Anzahl an Neuzugängen hier zu erwarten, da ab dieser Altersklasse die Spielform auf 11:11 bzw. seit der Saison 2011/2012 9:9 umgestellt wird und der bisherige Kader die quantitativen Voraussetzungen nicht erfüllt. Die durchschnittliche Vereinszugehörigkeit ist gestiegen, was auf eine verbesserte Talentförderung in den unteren Altersklassen und einer gehäuften Übernahme der Spieler aus dem Grundlagenbereich spricht. Mit 72% des Kaders, der bereits im Grundlagenbereich für den 1.FC Nürnberg aktiv war, erreicht man hier aktuell den Bestwert der untersuchten Spielzeiten.

5.1.4.5   Gesamtbetrachtung Aufbaubereich

In den letzten zehn Jahren ist eindeutig die Wichtigkeit und Beachtung des Aufbaubereichs im vereinsgesamten Kontext gestiegen. Insbesondere der obere Aufbaubereich gilt als „Scheideweg" für die Spieler, die, wenn sie es über Jahre hinweg bis zur U15 geschafft haben, sich berechtigte Chancen auf die U19 oder U23 machen dürfen. Bis einschließlich zur U14 wird v.a. auf die eigenen Talente gesetzt, die dann durch eine überregionale Talentsichtung Konkurrenz bekommen.

5.1.5 Analyse im Grundlagenbereich

Für den Grundlagenbereich konnte auf Grund der Unabhängigkeit dieses Bereichs von der DFL keine Analyse durchgeführt werden. Die Arbeit der Funktionäre und Trainer in den unteren Altersklassen kann ausschließlich durch das Auftreten von Spielern in höheren Altersstufen analysiert werden. Das Ziel einer gesteigerten frühzeitigen Förderung und Verpflichtung regionaler Talente zieht nach sich, dass vermehrt Spieler aus dem Grundlagenbereich im Leistungsbereich auftauchen. Sollte dies nicht der Fall sein, könnte man über die Rentabilität und den Nutzen des Grundlagenbereichs diskutieren. Das Wort „Rentabilität" bezieht sich in diesem Fall auf die „Verzinsung des eingesetzten Kapitals"[116]. Spieler, die im Grundlagenbereich ausgebildet werden, erhalten über Jahre hinweg eine vereinsbezogene Ausbildung, für deren Kosten das Nachwuchsleistungszentrum aufkommen muss. Extern ausgebildete Spieler haben lediglich den Ausgabenpunkt der Ausbildungsentschädigungen. Sollte kein Spieler aus dem Grundlagenbereich im Leis-

---

[116] Madeja (2006), S. 43.

tungsbereich ankommen, müsste über den Nutzen dieses Bereichs für das Nach-wuchsleistungszentrums diskutiert werden und ggf. diese Abteilung ausgegliedert werden, wie dies bei manch anderen Profivereinen bereits geschieht. Allerdings muss auch festgehalten werden, dass gerade der Grundlagenbereich einigen Spielern die Möglichkeit bietet, für den 1.FC Nürnberg aktiv zu sein bzw. bei regi-onalen Turnieren gegen den „Club" zu spielen und somit fällt diesem Bereich ein „Sympathiewert" zu. Da durchgehend in allen Altersklassen Spieler aus dem Grundlagenbereich auftauchen, kann analysiert werden, dass in diesem Bereich erfolgreich am „Fußball-1x1" gearbeitet wird. Speziell im Aufbaubereich ist der An-teil der Spieler aus dem Grundlagenbereich gestiegen. In sechs von acht unter-suchten Altersklassen ist der prozentuale Anteil im Vergleich zur Saison 2002/2003 gestiegen.

5.2 Zufriedenheitsanalyse der Spieler des NLZ

5.2.1 Einleitung

Das Nachwuchsleistungszentrum fungiert mit seiner Arbeit wie erwähnt als Dienst-leister der Lizenzabteilung mit dem Auftrag, möglichst viele Spieler für die Anfor-derungen im Profikader ideal vorzubereiten. Dienstleistungen stellen nach Woratschek bis zur Fertigstellung der eigentlichen Leistung nur ein Leistungsver-sprechen dar.[117] Typisch für Dienstleistungen ist im Weiteren das „uno-actu-Prinzip"[118], der Abnehmer ist bei der Leistungserstellung anwesend und nimmt die-se währenddessen in Anspruch. Im Fall des Nachwuchsleistungszentrums ist das Fungieren als Dienstleister hier differenzierter zu sehen. Die Lizenzabteilung als Abnehmer des Ergebnisses „ausgebildeter Spieler" ist bei der Leistungserstellung nicht beteiligt, sondern die Spieler selbst, die mit ihren individuellen Fähigkeiten den Output maßgeblich beeinflussen. Das Nachwuchsleistungszentrum kann so-mit durch eine maximal ausgeprägte Dienstleistung am Produktionsfaktor „Ju-gendspieler" nur die Chancen erhöhen, dass letztendlich ein geeignetes Endpro-dukt entwickelt wird.

Für das Nachwuchsleistungszentrum des 1.FC Nürnberg ist es nun interessant zu erfahron, wie die „Produktionsfaktoren" selbst die Ausbildung im NLZ beurteilen

---

[117] Vgl. Bezold u.a. (Hrsg.) (2008), S. 25.

[118] Maleri (1998), S. 129.

und herauszufinden, wieso die Spieler sich überhaupt für diesen Verein entschieden haben und wo sie Verbesserungspotenzial sehen. Wo können Determinanten der Leistungserstellung verbessert werden? Erfährt die kognitive Wahrnehmung der Spieler, dass die Talentförderung in den letzten Jahren intensiviert wurde und versucht wird, die Ausbildung ständig zu überprüfen?

Umgesetzt wurden diese Fragen durch eine primäre Marktforschung, da bis dato keine Analyse der Zufriedenheit der Spieler durchgeführt wurde.[119] Als Methode wurde die „schriftliche Befragung" ausgewählt, die zu den ausgewählten Sachverhalten Auskunft geben soll. Die Trainer der Mannschaften wurden angewiesen, den Fragebogen an ihre Spieler weiterzugeben, diese wiederum sollen anonym und eigenständig den Bogen ausfüllen.

Durchgeführt wurde die Befragung nicht durch eine „Vollerhebung"[120] aller Spieler des Nachwuchsleistungszentrums, sondern durch die Beschränkung der Grundgesamtheit auf Spieler, die spätestens zum 01.August 2009 (t-2) ihre Spielberechtigung beim 1.FC Nürnberg erhalten haben und mindestens in der U14 bis zur U19 aktiv sein sollen. Grund für diese Beschränkung auf Grund einer „subjektiven Vorgabe"[121] ist die besondere Fokussierung auf Spieler, die Minimum in ihrer dritten Saison beim 1.FC Nürnberg sind und somit auch Aussagen über die Entwicklung der Ausbildung über einen längeren Zeitraum treffen können. Somit ergeben sich 51 Spieler, die in dieses Raster fallen und befragt werden.

5.2.2 Konzipierung des Fragebogens

Der Fragebogen wurde gemeinsam mit den Verantwortlichen des Nachwuchsleistungszentrums konzipiert, sodass von der theoretischen und praktischen Seite Einfluss genommen wurde. Die Fragestellung wurde im Hinblick auf die Zielgruppe einfach und verständlich gehalten, zum Großteil mit geschlossenen Fragen. Um den Spielern die Möglichkeit zu geben, ihre individuelle Meinung Kund zu tun, wurde desweiteren Platz für Anregungen gelassen.

Der Fragebogen beginnt mit den soziodemographischen Daten der Probanden bezogen auf ihren fußballerischen Werdegang. Diesem Teil folgen Fragen zum Nachwuchsleistungszentrum aus Sicht des Spielers. Der dritte Abschnitt befasst

---

[119] Vgl. Freyer (2011), S. 240. f.

[120] Freyer (2011), S. 244.

[121] Freyer (2011), S. 245.

sich mit dem persönlichen Befinden des Spielers im NLZ und soll aufzeigen, wo die Talente selbst noch Verbesserungspotenzial in der Arbeit des NLZ sehen. Abgeschlossen wird der Fragebogen durch ein freies Textfeld für Anregungen, Kritik und Verbesserungsvorschläge.

5.2.3 Analyse der Befragung

5.2.3.1 Befragungsdetails

Die Analyse spiegelt die Antworten von 47 Spielern des Nachwuchsleistungszentrums des 1.FC Nürnberg auf den vorliegenden Fragebogen. Die befragten Spieler sind durchschnittlich seit 4,36 Spielzeiten für den 1.FC Nürnberg aktiv. 12,7% der Befragten wohnen im vereinseigenen Internat, 17% sind Schüler der Bertolt-Brecht-Schule. Der 1.FC Nürnberg ist nur in Ausnahmefällen als Heimatverein der Spieler zu sehen. Im Durchschnitt waren die Akteure bereits bei 1,7 anderen Vereinen aktiv.

5.2.3.2 Analyse der Befragung zum Nachwuchsleistungszentrum

Von grundlegendem Interesse ist für den „Dienstleister" Nachwuchsleistungszentrum die Frage, wieso die Spieler dem 1.FC Nürnberg den Zuschlag geben. Auf Grund der geographischen Situation gibt es mit der SpVgg Greuther Fürth nur wenige Kilometer entfernt einen Konkurrenten um die Talente im Nachwuchsbereich. Rund 100 km südlich trifft man mit dem FC 04 Ingolstadt den nächsten Profiverein an.

Für die Spieler ist nach Analyse der Ergebnisse in *Abbildung 10* klar, dass insbesondere der Punkt „Bundesliga-Verein" den Ausschlag für den „Club" gibt, sicherlich keine Überraschung in diesem Zusammenhang. Ebenfalls entscheidungsweisend ist die gute Ausbildung, die die Talente sich von dem Wechsel zum 1.FC Nürnberg erhoffen. Dies ist wiederum bezogen auf das Prädikat „Bundesliga-Verein". Interessant scheint, dass die Konzipierung der Nachwuchsarbeit und der regionale Faktor kaum eine Rolle im Entscheidungsprozess spielt.

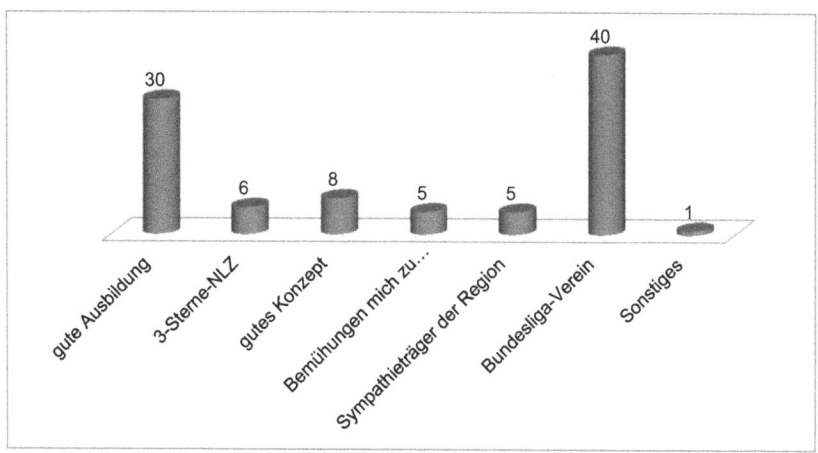

Abb. 9: Auswertung Fragebogen Frage 1 Gesamt

Die Arbeit und Organisation des Nachwuchsleistungszentrums wurde mit der Note 2,47 evaluiert. Auffällig ist, dass die Befragten die Extrema meiden und sich zwischen diesen mit ihren Antworten bewegen. Desweiteren ist hier in der altersklassenspezifischen Clusterbetrachtung die einhundertprozentige Vergabe der Note 2 der U16 erwähnenswert.

Die dritte Fragestellung bezüglich des NLZ soll die Entwicklung der Qualität der Ausbildung aus Spielersicht aufzeigen. Wichtig ist hier für die Verantwortlichen, dass die Talente selbst erleben, dass durch gesteigerten finanziellen und organisatorischen Aufwand dieser sich auch auf die Art der Ausbildung auswirkt.

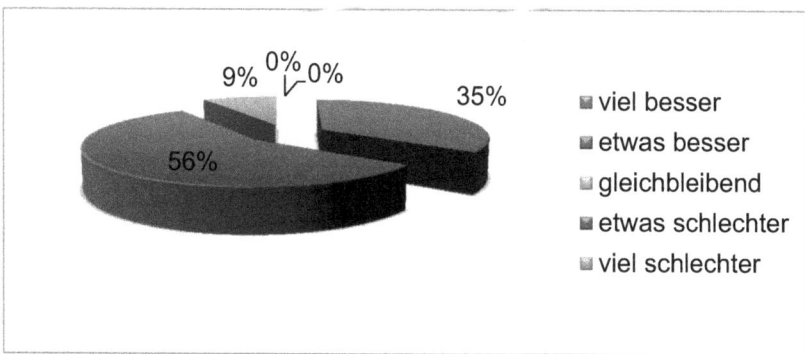

Abb. 10: Auswertung Fragebogen Frage 3 Gesamt

Auch hier kann dem NLZ eine sehr gute Leistung zugesprochen werden, denn lediglich 9% der Befragten sehen die Ausbildung gleichbleibend, die restlichen

91% hingegen sehen die Qualität etwas bzw. sehr gebessert an.

Im Bezug auf die Qualität der Mannschaft ist es erwünscht, dass die regionalen Talente frühzeitig gefördert werden und hier insbesondere auf die fußballerischen und technischen Fähigkeiten geachtet wird und nicht auf den körperlichen Entwicklungsstand. Durch Neuverpflichtungen und Förderung von Spielern mit Perspektive soll die Qualität der Mannschaften erhöht werden.

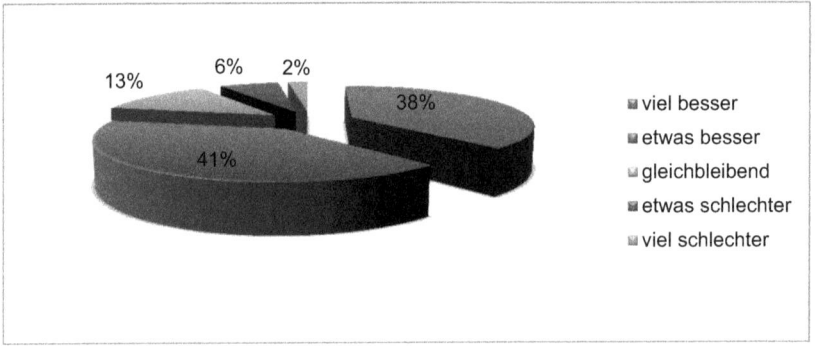

Abb. 11: Auswertung Fragebogen Frage 4 Gesamt

Dieses Bemühen kommt bei den Befragten an, denn 79% erachten die Veränderung der Qualität der Mannschaft als positiv.

Letztendlich stellt sich für die Verantwortlichen des Vereins auch häufig die Frage, ob man langfristig auf die richtigen Spieler setzt. Kurzfristiges Erfolgsdenken der Trainer ist in der Konzipierung des Vereins nicht vorgesehen, bei dem die Entwicklung des Individuums über dem mannschaftlichen Erfolg zu setzen ist. Auf diesem Weg sollen keine Talente verloren gehen. Ausgenommen der U15 sehen die Spieler jedoch ehemalige Mitspieler, die der aktuellen Mannschaft weiterhelfen können, wie *Abbildung 13* zeigt. Hier muss in der Folge noch mehr Beachtung der Spielstärke der Talente geschenkt werden, auch wenn die Talent- und Qualitätseinschätzung in diesem Bereich immer der subjektiven Wahrnehmung geschuldet ist.

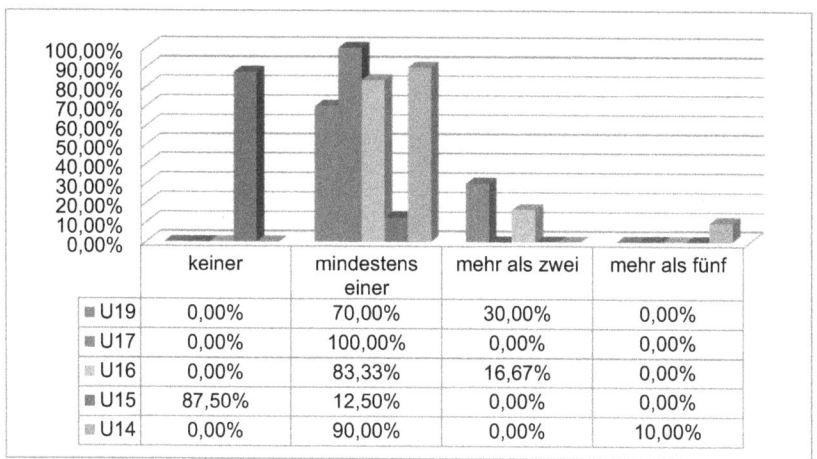

	keiner	mindestens einer	mehr als zwei	mehr als fünf
▪ U19	0,00%	70,00%	30,00%	0,00%
▪ U17	0,00%	100,00%	0,00%	0,00%
▪ U16	0,00%	83,33%	16,67%	0,00%
▪ U15	87,50%	12,50%	0,00%	0,00%
▪ U14	0,00%	90,00%	0,00%	10,00%

Abb. 12: Auswertung Fragebogen Frage 5 nach Mannschaften

5.2.3.3 Analyse der Befragung im persönlichen Bereich

Neben den sportlichen Aspekten legt das Nachwuchsleistungszentrum des 1.FC Nürnberg viel Wert auf die Entwicklung von Persönlichkeiten, denen Werte wie Respekte, Fairness und Achtung des Gegenübers vertraut sind.[122] Auf Grund dessen spielt die persönliche Betreuung in der Konzeption der Jugendarbeit eine wichtige Rolle. Der Ausbildungsweg des 1.FC Nürnberg beinhaltet dabei den Grundsatz, dass Spieler bewusst Risiken eingehen sollen, die wiederum Fehler hervorrufen können.[123] Fehler bedeuten jedoch für die Spieler, dass sie am Ende der Saison Gefahr laufen, nicht in die nächste Altersklasse übernommen zu werden. Beim 1.FC Nürnberg möchte man diesen Druck von den Spielern durch oben beschriebenen Grundsatz nehmen. Die Fragestellung nach dem Druck am Ende der Saison beschrieben 36% der Befragten als „hoch", 45% als „minimal" und die restlichen 19% geben an, keinen Druck zu verspüren. Sehr hohen Druck verspürt dieser Umfrage nach keiner der Befragten.

Interessant erscheint bei dieser Analyse der Blick auf die altersklassenspezifische Antwortenverteilung der Spieler:

---

[122] Vgl. 1.FC Nürnberg (Hrsg.), online zu finden unter
http://www.fcn.de/junioren/nachwuchs-leistungs-zentrum-nlz/missionvision/ (Stand 06.01.2012)

[123] Vgl. 1.FC Nürnberg (Hrsg.), online zu finden unter
http://www.fcn.de/junioren/nachwuchs-leistungs-zentrum-nlz/konzept/ (Stand 06.01.2012)

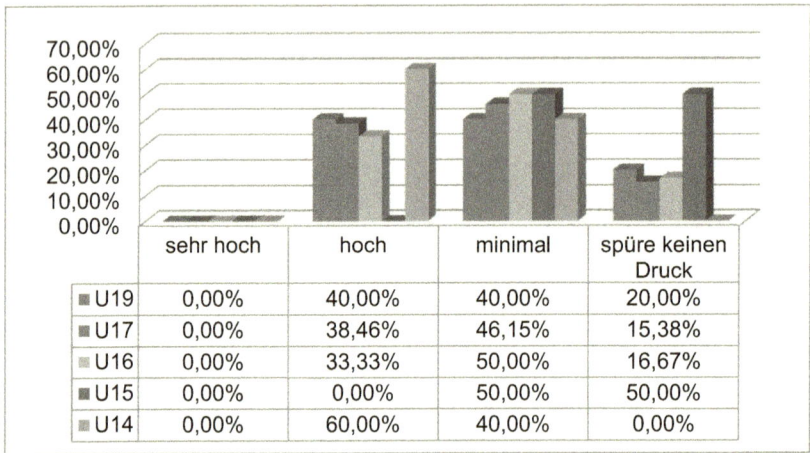

	sehr hoch	hoch	minimal	spüre keinen Druck
U19	0,00%	40,00%	40,00%	20,00%
U17	0,00%	38,46%	46,15%	15,38%
U16	0,00%	33,33%	50,00%	16,67%
U15	0,00%	0,00%	50,00%	50,00%
U14	0,00%	60,00%	40,00%	0,00%

Abb. 13: Auswertung Fragebogen Frage 6 nach Mannschaften

Demnach verspüren die Spieler der U14 einen überdurchschnittlichen Druck an die eigene Leistung zur Übernahme in die U15. Hier zieht sich die Erkenntnis aus der durchgeführten Jahrgangskaderanalyse fort, dass die U15 eine Schlüsselposition in der Jugendarbeit des 1.FC Nürnberg einnimmt. Ab der U15 werden Spieler in das Vereinsinternat aufgenommen und dadurch steigen die kadertechnischen Möglichkeiten für Scouts und Trainer durch die überregionale Talentsichtung an. Diesen Druck spüren die Spieler offensichtlich. Anders dabei das Bild in der U15, wo die Spieler kaum Druck spüren, wahrscheinlich in der Annahme, durch die Übernahme in die U15 vorerst abgesichert zu sein. Im Anschluss steigt das Druckempfinden wiederum an.

Die Übernahme in die nächste Altersklasse wird aus Spielersicht durch den jeweiligen Trainer und die eigene Leistung entschieden. Dem Koordinator des Entwicklungsbereichs sowie dem Verein wird kaum Entscheidungskraft zugetraut.

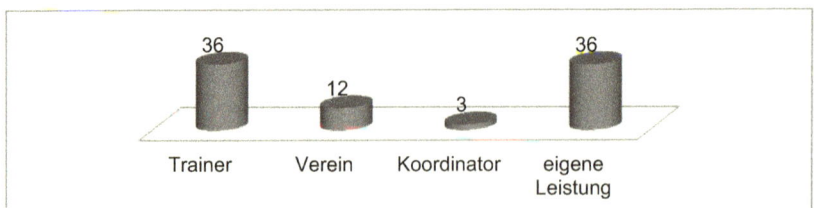

Abb. 14: Auswertung Fragebogen Frage 7 Gesamt

Die übergeordnete Stelle des Koordinators, der eine konzeptionelle Verzahnung der Altersklassen sicherstellen soll, ist in der Wahrnehmung der Spieler als Entscheidungsträger nicht bekannt. Ziel einer langfristigen einheitlichen Talentförderung soll es sein, dass die Trainer sich nach dem Konzept des Vereins richten. Diese Stellung wird aus Spielersicht nicht offenkundig dargestellt.

Verbesserungspotenzial sehen die befragten Spieler des NLZ insbesondere in der Ausstattung der Mannschaften (29 Nennungen), sowie in der persönlichen Betreuung (18 Nennungen) und Organisation von gemeinsamen Freizeitaktivitäten (14 Nennungen). Insbesondere die häufige Forderung nach einer intensiveren persönlichen Betreuung der Spieler zeigt, dass man sich in diesem Bereich noch nicht ausreichend gewürdigt sieht.

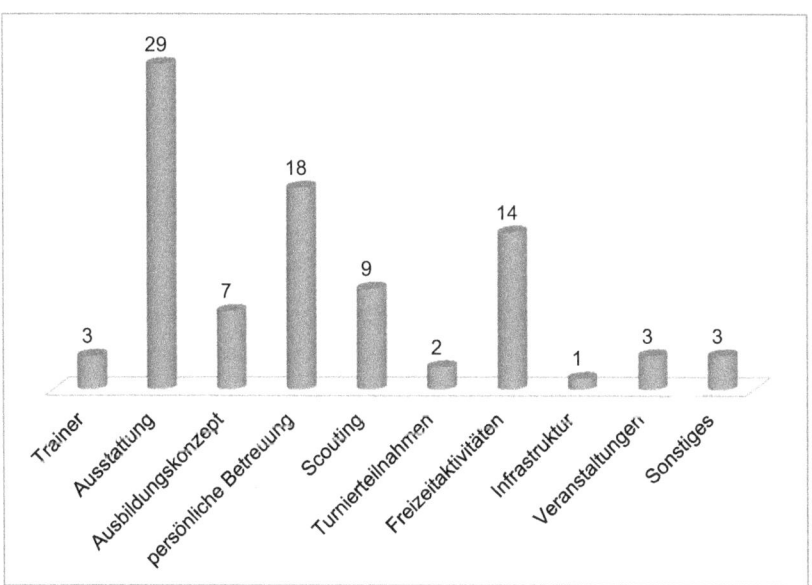

Abb. 15: Auswertung Fragebogen Frage 9 Gesamt

5.3 Budgetierung

Das Vereinsbudget bildet nach Madeja (2009) die „Grundlage für das finanzielle Handeln eines Vereins"[124]. Dieses Budget wird in Einnahmen und Ausgaben unterteilt. Wichtig ist hierbei eine transparente Aufstellung der Mittelherkunft und Mittelverwendung sowie das Heranziehen „moderner kostenrechnerischer Ansätze"[125]. Das Budget des Nachwuchsleistungszentrums des 1.FC Nürnberg definiert sich über die finanzielle Situation des Gesamtvereins, da das NLZ als Dienstleister der Lizenzabteilung fungiert und somit durch eben diese finanziell abgesichert wird. Die organisatorische Leitung des NLZ erhält ein Budget durch den Gesamtverein, mit dem für eine Saison gearbeitet werden kann.

5.3.1 Im Gesamtverein

Der 1.FC Nürnberg hat nach der Spielzeit 2010/2011 einen Jahresüberschuss von 4,3 Mio. € zum Bilanzstichtag 30.06.2011 vorgewiesen.[126] Die Aufwendungen betrugen dabei 54,5 Mio. €. Dies ist eine Steigerung von 1,5 Mio. €. im Vergleich zum Vorjahr. Das Nachwuchsleistungszentrum ist dabei mit rund 4,6 % des Gesamtaufwands in dieser Bilanz vertreten. Im Vergleich dazu liegt das Gesamtbudget der Lizenzabteilung bei 44,6 % des Gesamtaufwands.

In der Saison 2007/2008, als der 1.FC Nürnberg durch den Sieg im DFB-Pokal 06/07 für den UEFA-Cup spielberechtigt war, betrugen die Gesamtaufwendungen 59,3 Mio. €. Das Budget des Nachwuchsleistungszentrums stellte dabei 3,66 % des gesamten Aufwands dar. Es kann festgestellt werden, dass der prozentuale Anteil an den gesamten Aufwendungen des 1.FC Nürnberg für das Nachwuchsleistungszentrum gestiegen ist und deutlich macht, dass der Arbeit in der Talentförderung mehr finanzielle Aufmerksamkeit geschenkt wird.

5.3.2 Innerhalb des NLZ

Das Budget des Nachwuchsleistungszentrums hat auf der Ausgabenseite die Kostenträger „Verwaltung" und „Personal". Die Einnahmen sind gleichzusetzen mit den Abgaben des Gesamtvereins für das Nachwuchsleistungszentrum. Unter dem

---

[124] Madeja (2000), S. 141

[125] Madeja (2009), S. 141.

[126] Vgl. 1.FC Nürnberg (Hrsg.), online zu finden unter
http://www.fcn.de/news/artikel/43-mio-jahresueberschuss-201011/ (Stand 06.01.2012)

Kostenträger „Personal" sind die Gehälter für Trainer und Betreuer sowie Aufwandsentschädigungen für Spieler vom Grundlagen- bis zum Leistungsbereich zusammengefasst. Verwaltung beinhaltet die Aufrechterhaltung der Sportanlagen, aber insbesondere den Spielbetrieb der U23 im Stadion der Profis inklusive Ticketing und Sicherheitsvorkehrungen. Desweiteren werden hier Fahrtkosten, Internatskosten, Antrittsgelder, Personalkosten in der Verwaltung sowie Wareneinkauf im Bezug auf die Ausrüstung der Spieler zusammengefasst.

Bei der Betrachtung der Verteilung des Gesamtbudgets auf die Kostenträger „Personal" und „Verwaltung" in *Tabelle 9* fällt auf, dass der organisatorische Anteil im Nachwuchsleistungszentrum einen gestiegenen finanziellen Aufwand mit sich trägt.

Saison	Personal	Verwaltung
2002/2003	94,55 %	5,45 %
2004/2005	88,24 %	11,76 %
2007/2008	82,95 %	17,05 %
2010/2011	70,00 %	30,00 %

Tab. 9: Verteilung Kostenträger auf Gesamtbudget NLZ

Das Gesamtbudget ist dabei im Vergleich zur Saison 2002/2003 um 81,82 % gestiegen. Durch die Teilnahme der Profis am internationalen Geschäft in der Saison 2007/2008 konnte auch das Nachwuchsleistungszentrum finanziell profitieren, denn im Vergleich zur Saison 2004/2005 stieg das Budget um 70,2 %. Um 15,21% hat sich wiederum das Gesamtbudget des NLZ der Saison 2010/2011 zur Saison 2007/ 2008 gesteigert.

Der Kostenträger Personal des NLZ liegt derzeit um 34,62 % über den Personalkosten von 2002/2003. Der höchste absolute Wert konnte hier in der Spielzeit 2007/2008 erreicht werden, die Saison 2010/2011 liegt 2,78 % darunter. Betrachtet man den gestiegenen Mitteleinsatz in der Talentförderung ist festzuhalten, dass sich dies in geringerem Maße auf die Personalaufwendungen auswirkt. Das belegt, dass der 1.FC Nürnberg nicht mit finanziellen Mitteln versucht, Spieler für sich zu begeistern, sondern diese Gelder konstruktiv und nachhaltig in die Verwaltung und Optimierung des Talentförderkonzepts investiert.

Der verwaltungstechnische Apparat als Kostenträger des NLZ gestaltet sich hier anders. Eine Steigerung um 900 % im Vergleich zur Saison 2002/2003 kann hier nach *Tabelle 10* vorgewiesen werden.

Saison	Proz. Anstieg	Proz. Anstieg zum Beginn
2002/2003	-	-
2004/2005	100,00 %	100,00 %
2007/2008	146,67 %	393,33 %
2010/2011	102,7 %	900,00 %

Tab. 10: Kostenträger Verwaltung Betrachtung seit 2002/2003

Mit dem „prozentualen Anstieg" ist hierbei die Veränderung zur zuvor betrachten Spielzeit berechnet. Mit den Daten aus *Tabelle 10* kann aufgezeigt werden, dass der verwaltungstechnische Aufwand sich in zwei bis drei Spielzeiten jeweils verdoppelt hat und mittlerweile um 900 % über dem Wert der Saison 2002/2003 liegt. Dieser Anstieg insbesondere in den ersten Jahren ist durch die Einstellung hauptamtlicher Mitarbeiter zu erklären, die sich um das Geschehen im Nachwuchsleistungszentrum kümmern. Der weitere Anstieg zwischen den Spielzeiten 2007/2008 und 2010/2011 trügt jedoch. Rund 100.000 € werden mittlerweile jährlich mehr für Internatsplätze ausgegeben. Deshalb steigt der Kostenträger Verwaltung an. Im Umkehrschluss sinken jedoch die Personalkosten für das Nachwuchsleistungszentrum, da die Aufwandsentschädigungen für Internatsspieler geringer sind. Ebenfalls einen großen Anteil am Kostenträger Verwaltung hat der Umzug der U23 zur Spielzeit 2010/2011 in das Stadion der Profis auf Grund der Bestimmungen des DFB für die Regionalliga Süd. Rund 200.00 € mehr muss das NLZ jährlich für den Spielbetrieb der U23 somit einkalkulieren. Rechnet man diese Mehrausgaben von 300.000 € aus dem Kostenträger Verwaltung hinaus, so liegt man um 21,6 % über dem Wert der Saison 2007/2008, ein realistischerer Anstieg der Verwaltungsausgaben als der komplette Aufwandsbetrag. Es kann attestiert werden, dass das NLZ insbesondere in den Aufbau der Verwaltung in den ersten Jahren des Leistungszentrums enorm investiert hat. Man legt gesteigerten Wert auf eine konzeptionelle Ausrichtung der Talentförderung mit Augenmerk auf die Aufrechterhaltung der Sportanlagen sowie Investitionen in materielle Güter wie spezielle Trainingsmaterialien anstatt einzig und allein auf teure Spieler zu setzen.

5.4 Wirtschaftlichkeit des Nachwuchsleistungszentrums

5.4.1 Definition Wirtschaftlichkeit

Bevor von dem Thema „Wirtschaftlichkeit" im Bezug auf einen Fußballverein gesprochen werden soll, ist es wichtig, diesen Sachverhalt, der häufig verwendet
wird, dabei jedoch nicht immer im richtigen Kontext, zu definieren. Madeja beschreibt dies als die „Grundlage jeglichen betriebswirtschaftlichen und damit auch
vereinsmäßigen Handelns"[127]. Dabei definiert sich die Wirtschaftlichkeit durch die
„Relation zwischen eingesetzten Mitteln und einem zu erzielenden Zweck"[128]. Es
ist von großer Bedeutung, nicht ausschließlich die Kosten bzw. Ausgaben für ein
Projekt zu sehen, sondern auch Nutzen und Erlöse, die sich durch die Ausgaben
bzw. Kosten ergeben, eine Wertschätzung einzuräumen. Das Wirtschaftlichkeits-
prinzip wird in der Praxis in das Minimal- und Maximalprinzip unterteilt.[129] Minimal
bedeutet dabei, einen gegebenen Zweck mit minimalen Mitteleinsatz zu realisieren. Das Maximalprinzip hingegen versucht mit einem gegebenen Mitteleinsatz
einen maximalen Output zu erreichen.

5.4.2 Zieldefinition des Nachwuchsleistungszentrums

Die Grundlage für das Erreichen von Zielen und somit des verbundenen Nutzens
bilden Ausgaben und Kosten.[130] Nur dadurch können letztendlich betriebswirtschaftliche Einnahmen erzielt und realisiert werden. Der Zweck des Nachwuchsleistungszentrums gliedert sich in zwei Teilbereiche:

➢ Erfüllung der Bestimmungen zur Erhaltung von Nachwuchsleistungszentren
➢ Dienstleister der Lizenzabteilung

Prinzipiell ist das institutionelle Handeln des Nachwuchsleistungszentrums durch
die Vorgaben der DFL auf ein Mindestmaß vorgegeben. Folglich wäre es für das
NLZ des 1.FC Nürnberg ein leichtes, das von den DFL vorgegebene Ziel durch
minimalen Mitteleinsatz zu erreichen. Typisch wäre für diese Ausprägung des Mi-
nimalprinzips, dass der Verein in diesem Bereich keine Fortschrittsmöglichkeiten
und Entwicklungschancen sehen würde. Allerdings stellt der 1.FC Nürnberg an

---

[127] Madeja (2006), S. 35.

[128] Ebenda

[129] Vgl. hier und im folgenden Madeja (2006), S. 37.

[130] Vgl. Madeja (2006), S. 36.

sein Nachwuchsleistungszentrum die Forderung, Spieler für den Lizenzkader auszubilden und somit als Zulieferer zu fungieren. Also ist es nicht ausreichend, nur
die von der DFL gewünschten infrastrukturellen und personellen Ansprüche zu
erfüllen und deshalb kann das Minimalprinzip hier keine Anwendung finden. In der
Tat wird versucht, mit einem gegebenen Mitteleinsatz in Form von Bereitstellung
und Mitnutzung der nötigen Infrastruktur auf dem Vereinsgelände sowie finanziellen Zuwendungen einen maximalen Vereinszweck zu erreichen. Dieser Vereinszweck definiert sich durch die Ausbildung qualifizierter Spieler für die Lizenzabteilung. Das Ziel muss lauten: Durch die Ausbildung eigener Spieler die Ausgaben im
Lizenzkader im Bereich von Transferzahlungen zu minimieren. Ausbildungsvereine im Profifußball, zu denen der 1.FC Nürnberg momentan sicher zu zählen ist,
müssen demnach nach dem Grundsatz handeln, dass die Ausgaben, die im Bereich „Talentförderung" getätigt werden, durch Einnahmen abgedeckt oder übertroffen werden. Dies wird in der Theorie als „Prinzip des finanziellen Gleichge-
wichts"[131] definiert.

5.4.3 Wirtschaftlichkeitsanalyse des Nachwuchsleistungszentrums

Nach den Definitionen aus 5.4.1 und 5.4.2 arbeitet das Nachwuchsleistungszentrum des 1.FC Nürnberg genau dann wirtschaftlich, wenn die Anforderungen der
DFL erfüllt werden und darüber hinaus Spieler in den Lizenzkader übernommen
werden. Eine ausschließliche Betrachtung der Lizenzvorgaben der DFL ist nicht
möglich, da das Nachwuchsleistungszentrum die Anforderungen nicht nur erreicht
sondern in einigen Kategorien sogar übersteigt. Für den 1.FC Nürnberg ist das
Mindestmaß an Talentförderung nicht ausreichend.

Die Zertifizierung durch Foot PASS Deutschland ergab bei der letzten Erhebung
die Maximalausbeute von drei Sternen für das Nachwuchsleistungszentrum des
1.FC Nürnberg. Dabei wurde in allen Bereiche bis auf die „Effektivität und Durchlässigkeit" ein überdurchschnittliches Resultat erzielt. Es kann, in Anbetracht der
finanziellen Situation des 1.FC Nürnberg und des eingeschränkten Handlungs-
spielraums, verglichen mit Best-Practice Beispielen aus der Bundesliga, beschei-
nigt werden, dass hier eine gute Arbeit getätigt wird. Die Effektivität und Durchlässigkeit, die im Endeffekt als „Return on Investment" (RoI) gesehen werden kann,

---

[131] Madeja (2006), S. 38.

bietet Steigerungspotenzial. Das Leistungszentrum erhält aus dem Solidaritäts-
fond bis zu 300.000 € und kann sich zu mehr als 10 % selbst finanzieren.

Die vier ausgebildeten „Local Player" des Lizenzkaders haben einen gesamten
Marktwert von 2,35 Mio. €[132]. Insgesamt haben, wie in 4.4.3 erwähnt, 40 % des
Lizenzkaders eine Vergangenheit im Nachwuchsleistungszentrum. Dem NLZ können in den letzten zehn Jahren Ausgaben von rund 18 Mio. €. zugerechnet werden. Betrachtet man die finanziellen Einnahmen aus Transfererlösen für Stefan
Kießling (6,5 Mio. €) und Philipp Wollscheid (5 Mio. € zur Saison 2012/2013),
konnten bereits weit über die Hälfte der Ausgaben für das NLZ refinanziert werden. Zusätzlich sind die Ausgaben zu sehen, die getätigt hätten werden müssen,
wenn man die „Local Player" extern verpflichtet hätte. Somit befindet sich die
Nachwuchsförderung auf einem guten Weg, ein positives Rol vorweisen zu können. Die Wirtschaftlichkeit des NLZ ist folglich bewiesen.

---

[132] Vgl. Transfermarkt GmbH & Co. KG, Stand 06.01.2012

6. Zusammenfassung

Das sechste Kapitel schließt die vorliegende Arbeit mit einer Zusammenfassung der Ergebnisse und einem Fazit ab. Die definierten Ziele, die durch Erstellen der Arbeit erreicht werden sollten, werden aufgegriffen. Den Abschluss der vorliegenden Arbeit bildet das Fazit mit einem Ausblick auf die Zukunft.

6.1 Ergebnisse der Arbeit

Die vorliegende Analyse der Vereinszugehörigkeit der Spieler zeigt den Verantwortlichen, dass das Ziel einer vereinsintensiveren Talentförderung nun effektiver erreicht wird als in den Jahren zuvor. Die Masse der Spieler erhält eine langfristigere Ausbildung als zuvor. Wichtig ist insbesondere für die sportliche Komponente, das Augenmerk noch gezielter auf eine qualitativ bessere Ausbildung zu legen. Insbesondere an der Schnittstelle zwischen Leistungs- und Aufbaubereich muss noch verzahnter und konzeptioneller gearbeitet werden. Wie die Analyse beweist, verlassen in diesem Zeitraum viele Spieler den 1. FC Nürnberg, die zuvor über Jahre hinweg dort eine überdurchschnittlich gute Ausbildung genossen haben.

Anhand der Zufriedenheitsanalyse der Spieler des NLZ konnte festgestellt werden, dass die Talente sehr zufrieden mit der Arbeit des Nachwuchsleistungszentrums sind. Bei den Spielern kommt letztendlich das Bemühen der organisatorischen und sportlichen Leitung an, eine qualitativ hochwertige Ausbildung zu garantieren. Allerdings sehen die Spieler auch Verbesserungspotenzial. Insbesondere die Kaderzusammensetzung und die Nichtübernahme von Talenten, die die Mannschaft qualitativ verbessern würden, muss einer noch detaillierteren Analyse unterzogen werden. Ebenso wird am Ende der Saison der Druck auf die Spieler sehr groß in Bezug auf die Übernahme in die nächste Altersklasse. Dieser Stress wirkt sich nicht unbedingt leistungsfördernd aus, sondern kann auch zum Verkrampfen führen. In die gleiche Richtung geht die mangelhafte persönliche Betreuung, die einige Spieler beklagen.

Im Zuge dieser Analyse kann attestiert werden, dass das NLZ die Rahmenbedingungen für eine erfolgreiche Talentförderung gelegt hat und nun noch intensiver in die detaillierte Spielerbetreuung einsteigen muss.

6.2 Fazit und Ausblick

Die Analyse des Nachwuchsleistungszentrums hat aufgezeigt, dass die Talentförderung beim 1.FC Nürnberg durchaus erfolgreich verläuft. In nahezu allen Altersklassen sind die Spieler nun „vereinstreuer" ausgebildet worden als zur Einführung des NLZ. Wichtig ist nun insbesondere, diese vereinsbezogenere Ausbildung der Spieler mit der Übernahme in den Lizenzkader zu krönen. Jüngste Erfolge zeigen, dass dies möglich ist. Erfreulich für die Arbeit des Nachwuchsleistungszentrums ist hierbei, dass die konzeptionelle Ausrichtung des Sportdirektors und des Cheftrainers darauf abzielt, jungen Spielern die Chance zu unterbreiten, Bundesligaerfahrung zu schnuppern. Das wiederum zeigt den Spielern des NLZ, dass für sie durchaus die Chance auf eine Profikarriere besteht und ist für diese ein Leistungsanreiz.

Die sportliche und organisatorische Leitung des NLZ muss allerdings dabei der „Stimme der Spieler" weiterhin Beachtung schenken und auf die aufgezeichneten Verbesserungspotenziale im Bereich der persönlichen Betreuung näher eingehen.

Dennoch profitiert bereits jetzt der Profikader von der guten Arbeit des Nachwuchsleistungszentrums. Für die Zukunft sehen die Funktionäre einige Talente, die an den Lizenzbereich herangeführt werden können. Insbesondere das vermehrte Auftreten von Nationalmannschaftsspielern in den U-Teams des DFB lässt auf eine erfolgreiche Zukunft hoffen. In der Spitze der Talentförderung wurde Markus Mendler die Fritz-Walter-Medaille in Bronze in der Saison 2010/2011 für den drittbesten Spieler seines Jahrgangs verliehen.

Das Anfertigen eines wissenschaftlichen Projekts über die Arbeit des Nachwuchsleistungszentrums zeigt desweiteren, dass die Führung daran interessiert ist, Optimierungspotenzial zu erkennen. Wichtig ist nun insbesondere das kontinuierliche Controlling der Arbeit des Nachwuchsleistungszentrums. Langfristiger Erfolg kann hier jedoch nur dann entstehen, wenn das NLZ nicht als eigenständige Abteilung fungiert, sondern noch intensiver in die Vereinsphilosophie aufgenommen wird. Denn die Stellung des Nachwuchses ist von ungemeinem Wert für den Verein. Die Nachwuchsabteilung kann eine „moderne Einnahmequelle"[133] sowie ein „Ausga-

---

[133] Madeja (2006), S. 177.

benvermeidungsinstrument"[134] für langfristig und konzeptionell arbeitende Vereine werden. Dieses Potenzial wurde beim 1.FC Nürnberg erkannt.

---

[134] Madeja (2006), S. 177.

7. Anhang

Stefan Röttger

Fragebogen Bachelor-Thesis Nachwuchsleistungszentrum 1.FC Nürnberg

Liebe Spieler,

dieser Fragebogen ist Teil meiner Bachelor-Arbeit über die Arbeit des NLZ des 1. FC Nürnberg. Er dient zur Analyse der Entwicklung sowie der derzeitigen Situation im NLZ und soll somit Verbesserungspotenzial aufdecken. Alle Angaben werden vertraulich und anonym behandelt. Deshalb bitte ich dich, die Fragen gewissenhaft, ehrlich und wenn nötig ausführlich zu beantworten.

Allgemeines:

Mannschaft: O U14   O U15   O U16   O U17   O U19

Beim 1. FCN seit: _____ Jahren

Internatsspieler: O Ja   O Nein

Schüler der BBS.   O Ja   O Nein

Bisherige Vereine (Ohne 1. FCN): _____ (Anzahl)

NLZ:

1. Was hat für **dich** den Ausschlag für den 1.FC Nürnberg gegeben? (Mehrfachnennung möglich)
O gute Ausbildung   O 3-Sterne-NLZ   O gutes Konzept
O Bemühungen mich zu verpflichten   O Sympathieträger der Region   O Bundesliga-Verein

O _____

2. Wie bewertest du die Arbeit / Organisation des NLZ?
O Note 1   O Note 2   O Note 3   O Note 4   O Note 5   O Note 6

3. Wie bewertest du die Entwicklung der Qualität der Ausbildung in den letzten Jahren?
O viel besser   O etwas besser   O gleichbleibend   O etwas schlechter   O viel schlechter

4. Wie hat sich deiner Meinung nach die Qualität deiner Mannschaft in den letzten Jahren verändert?
O viel besser   O etwas besser   O gleichbleibend   O etwas schlechter   O viel schlechter

5. Bist du der Meinung, Spieler die in den letzten Jahren deine Mannschaft verlassen mussten, würden deiner aktuellen Mannschaft qualitativ weiterhelfen?
O keiner   O mindestens einer   O ja, mehr als zwei   O ja, mehr als fünf

★ ★ ★

Stefan Röttger

Persönliches:

1. Wie hoch ist der Druck am Ende der Saison für dich, wenn es um die Übernahme in die nächste Altersklasse geht?

O sehr hoch   O hoch   O minimal   O spüre keinen Druck

2. Wer oder was entscheidet nach deiner Wahrnehmung am meisten über die Übernahme in die nächste Altersklasse (max. 2 Nennungen)

O Trainer   O Verein   O Koordinator   O eigene Leistung

O _____

3. Bist du der Meinung, dass das Auswahlverfahren „fair" abläuft?

O ja   O meistens   O selten   O nein

4. Wo hat das NLZ deiner Meinung nach Verbesserungspotenzial? *(Mehrfachnennung möglich)*

O Trainer   O Ausstattung/Ausrüstung   O Ausbildungskonzept
O persönliche Betreuung   O Scouting   O Turnierteilnahmen
O Freizeitaktivitäten   O Infrastruktur   O Veranstaltungen

O _____

Anmerkungen:

Hier ist Platz und Raum für Anregungen, Kritik und weitere Verbesserungsvorschläge etc.

_____

_____

_____

_____

_____

Vielen Dank für eure Mitarbeit und Mithilfe.
Mit freundlichen Grüßen

Stefan Röttger

Aufteilung Analyse der Mannschaften nach Bereichen in %

Mannschaft	Bereich	2002/2003	2004/2005	2007/2008	2011/2012
U23	Leistung	87%	81%	83%	65%
	Aufbau	13%	9%	5%	25%
	Grundlagen	0%	10%	12%	10%
U19	Leistung	65%	52%	41%	55%
	Aufbau	15%	43%	40%	35%
	Grundlagen	20%	5%	19%	10%
U17	Leistung	44%	33%	37%	30%
	Aufbau	51%	49%	47%	50%
	Grundlagen	5%	18%	16%	20%
U16	Leistung	35%	37%	27%	41%
	Aufbau	59%	48%	64%	50%
	Grundlagen	6%	15%	9%	9%
U15	Aufbau	74%	77%	95%	80%
	Grundlagen	26%	23%	5%	20%
U14	Aufbau	68%	88%	74%	60%
	Grundlagen	32%	12%	26%	40%
U13	Aufbau	66%	90%	65%	53%
	Grundlagen	34%	10%	35%	47%
U12	Aufbau	37%	53%	42%	28%
	Grundlagen	63%	47%	58%	72%

U23

Saison	Durchschnitt	Gini	Neuzugänge	Maximum	Modus	Median
2002/2003	3,32	0,29	3	7	**2**	**3**
2003/2004	3,47	0,21	1	8	**2**	**3**
2004/2005	3,83	0,37	7	10	1	2,5
2007/2008	3,22	**0,45**	**8**	**14**	1	2
2010/2011	**4,82**	0,42	6	13	1	**3**
2011/2012	4,45	0,42	7	**14**	1	2

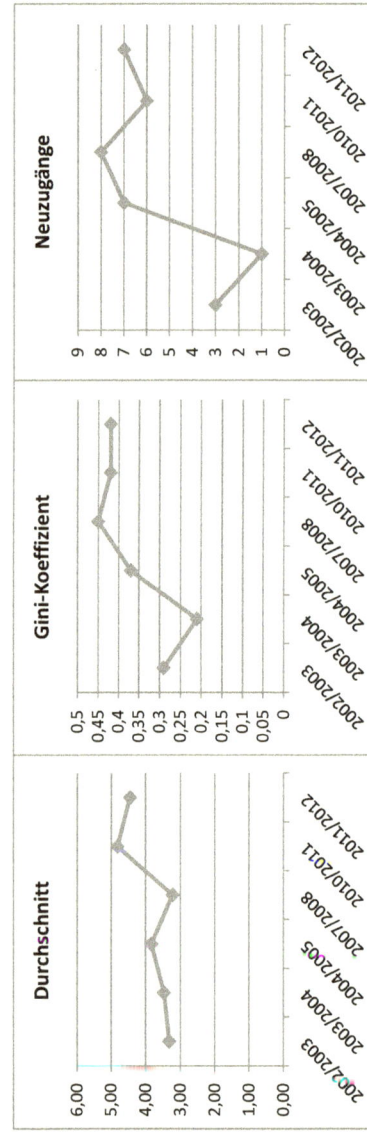

U19

Saison	Durchschnitt	Gini	Neuzugänge	Maximum	Modus	Median
2002/2003	4,40	0,29	4	13	3	3
2003/2004	3,47	0,35	3	13	3	4
2004/2005	3,84	0,32	5	11	1	3
2007/2008	5,54	0,3	0	13	3	4
2010/2011	3,36	0,24	3	6	3	3
2011/2012	4,05	0,37	7	12	1	3

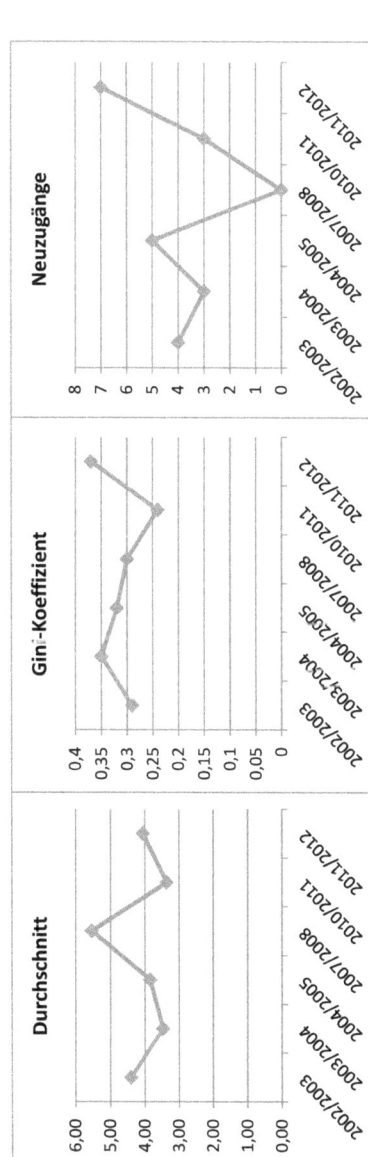

U17

Saison	Durchschnitt	Gini	Neuzugänge	Maximum	Modus	Median
2002/2003	3,06	0,23	3	7	2	3
2003/2004	2,65	0,28	5	10	2	2
2004/2005	4,00	0,34	6	11	1	4
2007/2008	3,42	0,30	5	9	1	3
2010/2011	4,21	0,30	1	11	2	2,5
2011/2012	4,26	0,27	2	9	3	3

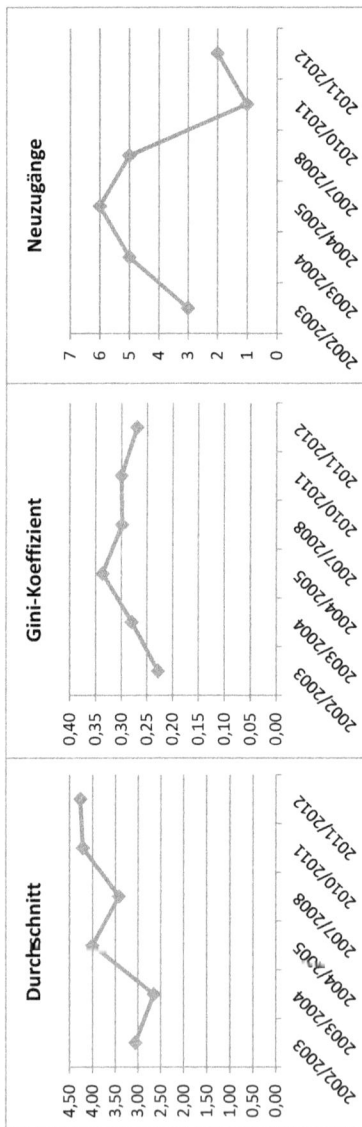

U16

Saison	Durchschnitt	Gini	Neuzugänge	Maximum	Modus	Median
2002/2003	2,18	0,29	7	9	2	2
2004/2005	3,05	0,38	7	**10**	1	2
2007/2008	**3,32**	0,34	6	**10**	**4**	**3**
2010/2011	3,18	0,37	6	8	1	2
2011/2012	2,68	**0,40**	**9**	9	1	2

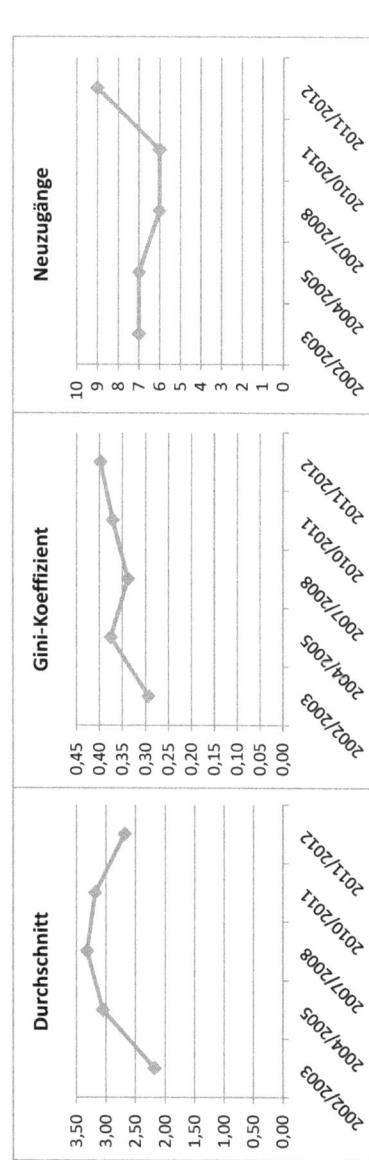

U15

Saison	Durchschnitt	Gini	Neuzugänge	Maximum	Modus	Median
2002/2003	**3,47**	0,28	4	9	**4**	**3**
2004/2005	2,72	**0,36**	8	**10**	1	2
2007/2008	1,75	0,25	**12**	5	1	1
2010/2011	2,30	0,32	10	7	1	1
2011/2012	2,60	0,30	7	6	1	2

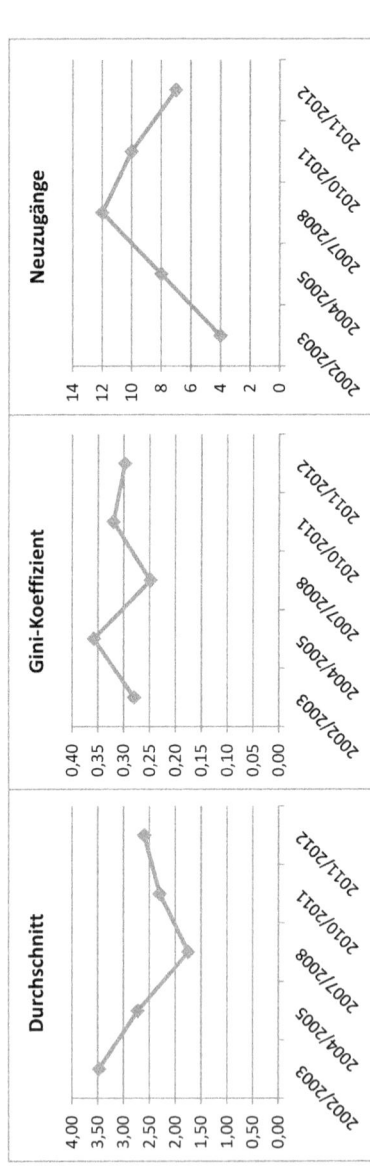

U14

Saison	Durchschnitt	Gini	Neuzugänge	Maximum	Modus	Median
2002/2003	3,56	0,27	2	8	2	3
2004/2005	2,13	**0,31**	9	6	1	1
2007/2008	**3,05**	0,22	5	8	2	2
2010/2011	2,30	0,27	8	5	1	2
2011/2012	2,80	0,29	7	6	1	2,5

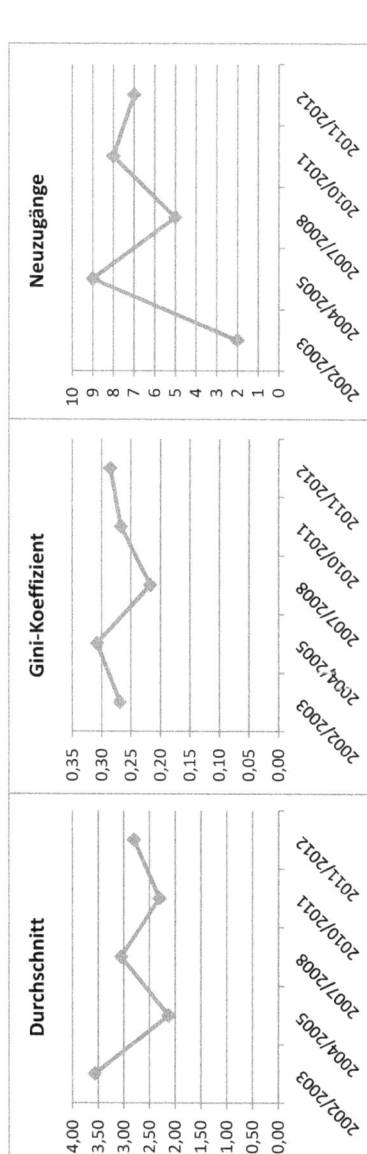

U13

Saison	Durchschnitt	Gini	Neuzugänge	Maximum	Modus	Median
2002/2003	3,13	0,23	1	8	2	2
2004/2005	1,63	0,26	13	7	1	1
2007/2008	2,55	0,30	7	6	1	2
2010/2011	2,75	0,25	6	6	1	3
2011/2012	2,95	0,27	5	6	1	2

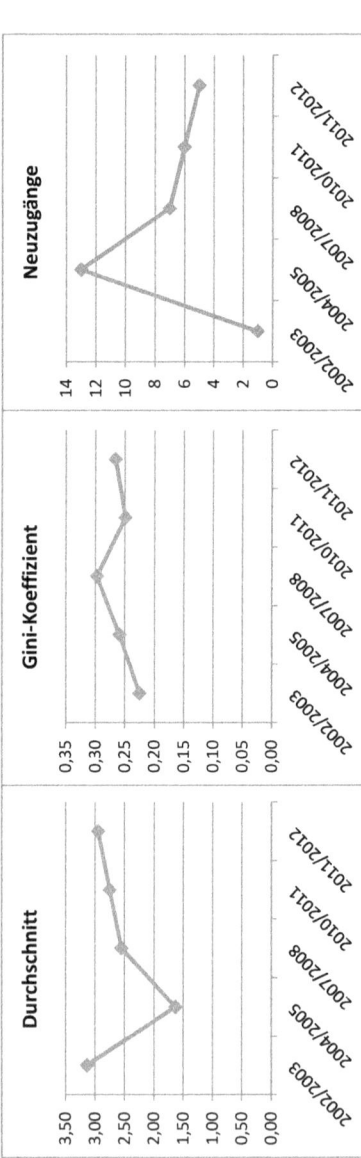

U12

Saison	Durchschnitt	Gini	Neuzugänge	Maximum	Modus	Median
2002/2003	2,50	**0,29**	6	**6**	1	**2**
2004/2005	1,94	0,26	9	5	1	1
2007/2008	2,00	0,24	8	5	1	2
2010/2011	2,53	0,25	7	5	1	2
2011/2012	**2,77**	0,27	6	5	1	2

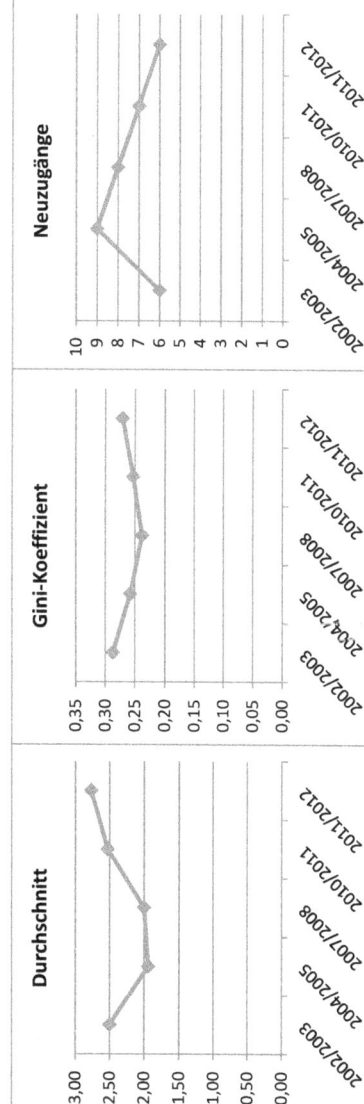

Literaturverzeichnis

Aichaoui, F.: (2006)

Fußballtalente im Doppelprojekt der schulischen und sportlichen Ausbildung,
München

Bellon, J. u.a.: (2005)

Nachwuchsarbeit in der Fußball-Bundesliga, in

Wehrheim, M. (Hrsg.): (2005)

Marketing der Fußballunternehmen, Berlin

Benz, M./Gehring, S.: (2009)

Krisen im Profifußball – Chancen und Herausforderungen für Lizenzgeber
und Insolvenzverwalter, Stuttgart

Bezold, T. u.a. (Hrsg.): (2008)

Handwörterbuch des Sportmanagements, Band 2, Frankfurt am Main

DFB (Hrsg.): (2009a)

DFB für beste Nachwuchsarbeit in Europa ausgezeichnet, online zu finden
unter
http://www.dfb.de/index.php?id=500014&tx_dfbnews_pi1[showUid]=20992&t
x_dfbnews_pi4[cat]=70 (Stand 06.01.2012)

DFB (Hrsg.): (2009b)

Ein Quantensprung mit Matthias Sammer, online zu finden unter
http://www.dfb.de/index.php?id=500014&tx_dfbnews_pi1[showUid]=21107
(Stand 06.01.2012)

DFB (Hrsg.): (2000)

Nachwuchszentren werden zur Pflicht, online zu finden unter
http://www.dfb.de/index.php?id=500014&tx_dfbnews_pi1[showUid]=217&tx_
dfbnews_pi4[cat]=10 (Stand 06.01.2012)

DFB (Hrsg.): (2010b)

Ergebnisse der Talentförderung 2010, online zu finden unter
http://www.imspiel-magazin.de/pdf/dfb_ppp_bilanzII.pdf (Stand 06.01.2012)

DFB (Hrsg.): (2002)

DFB-Bundestag: Talentförderung wird forciert, online zu finden unter
http://www.dfb.de/index.php?id=500014&tx_dfbnews_pi1[showUid]=71&tx_d
fbnews_pi4[cat]=10 (Stand 06.01.2012)

DFB (Hrsg.): (2010)

DFB-Bilanz 2010, online zu finden unter
http://talente.dfb.de/index.php?id=519515 (Stand 06.01.2012)

DFB (Hrsg.): (2011)

DFB verzeichnet Steigerung bei weiblichen Mitgliedern, online zu finden unter http://www.dfb.de/index.php?id=11015 (Stand 06.01.2012)

DFB (Hrsg.): (2011)

Satzungen und Ordnungen, Stand 01.01.2011

DFL (Hrsg.): (2011)

10 Jahre Leistungszentren – Die Talentschmieden des deutschen Spitzen-
fußballs, Frankfurt am Main

DFL (Hrsg.): (2011b)

Bundesliga-Report 2011 – Die wirtschaftliche Situation im Lizenzfußball, Frankfurt am Main

Drewes, M.: (2001)

Wettbewerb und finanzieller Ausgleich in professionellen Sportligen, Frankfurt am Main

Dworak, A.: (2010)

Finanzierung für Fußballunternehmen : erfolgreiche Wege der Kapitalbeschaffung, Berlin

Eberle, M.: (2000a)

Der blamable Auftritt bei der Fußball-Weltmeisterschaft 2000 trifft den Stolz der Deutschen - Kratzer am Gütesiegel „Made in Germany", in Handelsblatt Nr. 125, 03.07.2000, S. 2

Eberle, M.: (2000b)

Ribbecks letzter Krampf, in Handelsblatt Nr. 118, 21.06.2000, S. 55

FIFA (Hrsg.): (2011)

Verbände, online zu finden unter
http://de.fifa.com/aboutfifa/organisation/associations.html (Stand 06.01.2012)

FIFA (Hrsg.): (2011)

FIFA-Statuten, Ausgabe August 2011, online zu finden unter
http://www.fifa.com/mm/document/affederation/generic/01/48/60/05/fifastatut en2011_d.pdf (Stand 06.01.2012)

Freyer, W.: (2011)

Sport-Marketing – Modernes Marketing-Management für die Sportwirtschaft,
4. Auflage, Berlin

Foot PASS Deutschland (Hrsg.): (2009)

Qualitätsmanagement im Fußball – Die Zertifizierung der Leistungszentren,
online zu finden unter
http://www.doublepass.com/footpassdeutschland/downloads/090730%20Fo
ot%20PASS%20Deutschland%20%28Pressegespr%C3%A4ch%29.pdf
(Stand 06.01.2012)

Holzhäuser, F.: (2006)

Die Vereinslizenzierung in den deutschen Profisportligen – Rechtsfragen
und Rechtsgrundlagen der Vereinslizenzierung nach der Ausgliederung der
Profiligen aus den Bundesdachsportverbänden, Marburg

Hunzinger, A.: (2002)

Neue Ballacks braucht das Land – Mit einem Talentförderprogramm unge-
kannten Ausmaßes will der DFB in die Zukunft des deutschen Fußballs investieren, in Frankfurter Rundschau, 17.07.2002, S. 13

Kicker Sportmagazin (Hrsg.): (2011)

Bundesliga-Sonderheft 2011/2012

Leiner, B.: (1992)

Einführung in die Statistik, 6. Auflage, München

Madeja, A.: (2009)

Vereinsmanagement, Nürnberg

Madeja, A.: (2006)

Vereinsfinanzen erfolgreich managen, München

Nufer, G./Bühler, A.: (2008)

Management und Marketing im Sport – Betriebswirtschaftliche Grundlagen und Anwendungen der Sportökonomie, Berlin

Oberthür, N.: (2002)

Das Transfersystem im Lizenzfußball, Frankfurt am Main

Transfermarkt GmbH & Co. KG:

Spielerprofil Marcio Amoroso, online zu finden unter
http://www.transfermarkt.de/de/marcio-amoroso/transfers/spieler_1263.html
(Stand 06.01.2012)

Transfermarkt GmbH & Co. KG:

1.FC Nürnberg Jugendarbeit, online zu finden unter
http://www.transfermarkt.de/de/1-fc-nuernberg/jugendarbeit/verein_4.html
(Stand 06.01.2012)

Wöhe,G.: (2008)

Einführung in die Allgemeine Betriebswirtschaftslehre, 23. Auflage, München

1.FC Nürnberg (Hrsg.):

4,3 Mio. Jahresüberschuss 2010/2011, online zu finden unter
http://www.fcn.de/news/artikel/43-mio-jahresueberschuss-201011/ (Stand 06.01.2012)

1.FC Nürnberg (Hrsg):

Bertold-Brecht-Schule, online zu finden unter
http://www.fcn.de/junioren/nachwuchs-leistungs-zentrum-nlz/bertolt-brecht-
schule/ (Stand 06.01.2012)

1.FC Nürnberg (Hrsg):

Das ist der 1.FC Nürnberg, online zu finden unter http://www.fcn.de/club/der-
club/daten/ (Stand 06.01.2012)

1.FC Nürnberg (Hrsg.):

Konzept, online zu finden unter http://www.fcn.de/junioren/nachwuchs-
leistungs-zentrum-nlz/konzept/ (Stand 06.01.2012)

1.FC Nürnberg (Hrsg.):

Mission/Vision, online zu finden unter http://www.fcn.de/junioren/nachwuchs-
leistungs-zentrum-nlz/missionvision/ (Stand 06.01.2012)

1.FC Nürnberg (Hrsg.):

Organigramm NLZ, online zu finden unter

http://www.fcn.de/fileadmin/fcn/red/saison 10/downloads/pdf/Junioren/Orga
nigrammNLZ.pdf (Stand 06.01.2012)

1.FC Nürnberg (Hrsg.):

Willkommen im NLZ, online zu finden unter
http://www.fcn.de/junioren/startseite/ (Stand 06.01.2012)

Ingram Content Group UK Ltd.
Milton Keynes UK
UKHW041028240523
422269UK00004B/116

9 783656 319030